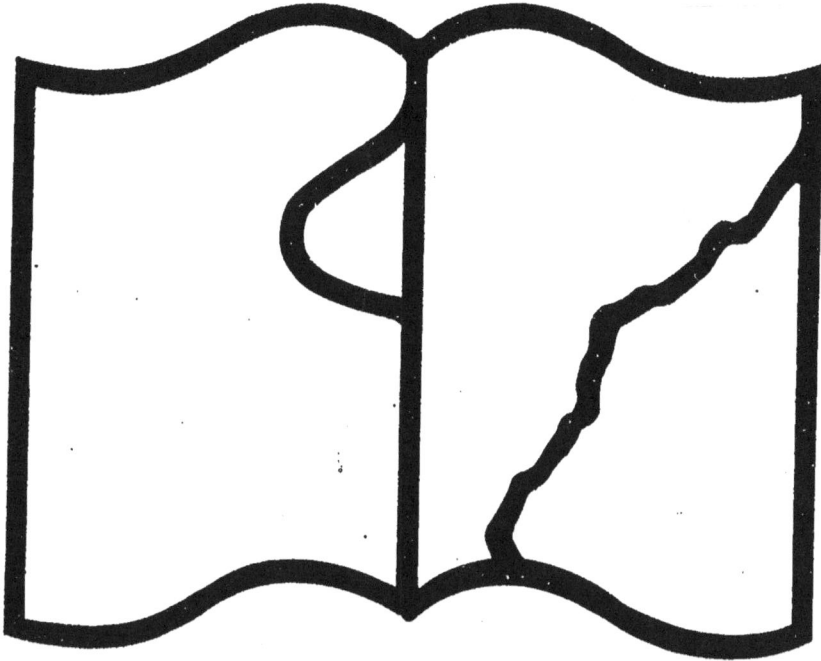

Texte détérioré — reliure défectueuse

NF Z 43-120-11

Symbole applicable
pour tout,ou partie
des documents microfilmés

BIBLIOTHÈQUE
DE PHILOSOPHIE CONTEMPORAINE

LE LANGAGE

ET

LA VERBOMANIE

ESSAI DE PSYCHOLOGIE MORBIDE

PAR

OSSIP-LOURIÉ

Professeur à l'Université nouvelle de Bruxelles.

*Vel taceas, vel meliora
dic silentio.*

PUBLIUS SYRUS.

PARIS

LIBRAIRIE FÉLIX ALCAN

108, BOULEVARD SAINT-GERMAIN, 108

LE LANGAGE

ET

LA VERBOMANIE

A LA MÊME LIBRAIRIE

DU MÊME AUTEUR

BIBLIOTHÈQUE DE PHILOSOPHIE CONTEMPORAINE

LE LANGAGE

ET

LA VERBOMANIE

ESSAI DE PSYCHOLOGIE MORBIDE

PAR

OSSIP-LOURIÉ
Professeur à l'Université Nouvelle de Bruxelles.

Vel taceas, vel meliora dic silentio.
PUBLIUS SYRUS.

PARIS
LIBRAIRIE FÉLIX ALCAN
108, BOULEVARD SAINT-GERMAIN, 108
—
1912

LE LANGAGE
ET LA VERBOMANIE [1]

CHAPITRE PREMIER

I. APERÇU DE L'ORIGINE DU LANGAGE
II. L'AUTOMATISME VERBAL

I. — La genèse du langage. — La théorie interjective et la théorie mimique. — Le problème ressortirait plutôt du domaine psychophysiologique que du domaine linguistique. — Le geste, le cri, la parole. — Les peuples primitifs et les enfants. — L'homme et l'animal. — L'évolution des facultés verbales.

II. — La fonction physiologique du langage est une véritable machine à parler. — L'habitude, la mémoire organique et l'automatisme. — L'automatisme se dissimule souvent derrière des révélations volontaires et intellectuelles.

I

Quelle est la genèse du langage humain ? Quelle a été la langue primitive, celle que parlaient les premiers d'entre les hommes ? Les données que nous possédons là-dessus sont peu satisfaisantes, elles n'ont pas encore quitté le domaine de la pure hypothèse. La science est loin d'être mûre sur ce

1. Leçons faites à l'Université nouvelle de Bruxelles en 1912.

point. En présence de la masse d'idiomes parlés sur la surface du globe, qui oserait prétendre remonter à la source de toutes les langues ? L'œuvre de la formation du langage date d'une époque qui est hors de la portée des investigations historiques ; nous ne saurions nous en faire qu'une représentation approximative ; nous croyons, cependant, que cette époque est un fait non moins avéré que la période géologique.

Il y a, à l'heure actuelle, deux théories sur les origines du langage. D'après la première, théorie interjective, le langage est issu des sons involontairement arrachés aux hommes sous l'influence de leurs émotions et de leurs sensations ; peu à peu, les hommes s'accoutumèrent à reproduire volontairement les mêmes exclamations pour exprimer les mêmes mouvements intérieurs ; et ces exclamations donnèrent naissance aux racines des mots. Selon la seconde, théorie mimique, les hommes se prirent à imiter les sons qui s'échappent du monde extérieur : les cris des animaux, la chute des pierres, le mugissement des vagues, etc.

Les philologues se tiennent sur la réserve. Certains d'entre eux avouent même qu'*a priori*, l'origine du langage n'est pas un problème linguistique ; la linguistique ne se propose pour objets que des langues toutes formées, dont il ne lui est donné que de constater l'évolution, jamais la naissance. Le problème

du langage ressortirait plutôt du domaine anatomique, physiologique et psychologique.

Comment naît une langue? Question aussi inso-
luble que celle de savoir si le langage apparut spontanément en une infinité de lieux et de familles
humaines[1]. Une langue, à proprement parler, ne
naît pas, nul ne saurait indiquer le lent et insaisis-
sable travail de la formation d'une langue ; nous ne
pourrions déterminer, à coup sûr, la naissance du
français, par exemple, ni préciser, scientifiquement,
où finit le latin ou le vieux slavon, où commence le
français, le russe ou le bulgare.

Nous savons que le langage est d'abord un acte
réflexe, qui va du geste au cri, du cri à la parole.

1. Les monogénistes du langage prétendent que celui-ci n'a pas
apparu spontanément en une infinité de lieux et de familles
humaines à la fois. Si naturel que soit devenu le besoin de communiquer ses pensées à ses semblables, il n'eût point suffi à faire
naître partout en même temps l'invention de la parole. Tarde
(*Les lois de l'imitation*, p. 277, Paris, F. Alcan) croit qu'il est infiniment probable que, ressenti très fort, exceptionnellement, par
un sauvage de génie, ce besoin a donné lieu, dans une famille
unique, aux premières manifestations linguistiques. De cette famille, comme d'un centre, l'exemple de cette innovation féconde
s'est répandu très vite et a procuré tout de suite un avantage si
marqué aux familles parlantes sur les familles muettes, que celles-
ci n'ont pas tardé à disparaître ; en sorte que la faculté de parler a
été depuis lors la caractéristique du genre humain. Seulement —
et c'est ici que Tarde se range du côté des adversaires des monogénistes — ce sont bien moins, sans doute, les premiers produits
grossiers de l'invention linguistique qui ont été imités, que cette
direction nouvelle de l'esprit inventif. Tout ce qu'il y avait de plus
ingénieux dans les familles primitives s'est évertué, en entendant
parler pour la première fois, moins à reproduire les articulations
entendues qu'à en inventer de pareilles ou d'à peu près pareilles.
Telle a dû être la grande occupation de l'imagination naissante.

(Il existe trois langages principaux dont nous pouvons nous servir : le premier est celui du geste, des cris, des chants, des regards, de la mimique ; le deuxième est la parole ; le troisième est celui de l'écriture qui est la parole solidifiée, rendue transportable et transmissible de génération en génération.) Le mot « langage » désigne non seulement les langues articulées, mais tous les moyens d'expression communs à l'homme et à l'animal. Comme les autres êtres du monde vertébral, l'homme a dû nécessairement exprimer ses émotions, ses désirs, ses besoins par des gestes et aussi par des cris, qui sont des gestes vocaux. De nos jours encore, les gestes, la mimique, les attitudes, les jeux de physionomie, l'intonation jouent un grand rôle dans notre langage ; souvent, ces procédés fortifient, pour ainsi dire, la parole articulée.

On ne conteste plus[1] que nos langues articulées, c'est-à-dire formées d'émissions vocales reliées entre elles, ne soient issues, par une lente évolution, du simple cri animal. Dans tous les cas, le rôle joué par le cri imitatif dans la genèse des mots a été très important. Dans le vocabulaire spécial qu'ils se créent, nos enfants recourent encore et surtout au cri imitatif et, de même, les langues des sauvages

1. Letourneau. *La psychologie ethnique*, p. 443, Bibliothèque des Sciences contemporaines, Paris, 1901.

renferment beaucoup de mots, qui procèdent directement des cris émotionnels et imitatifs.

Le langage des gestes est très répandu chez les
peuples primitifs, il est un moyen de communication
entre des tribus qui ne parlent pas la même langue ;
il est souvent un auxiliaire indispensable pour ces
idiomes indigents, car le geste n'a pas seulement
trait à l'expression de nos émotions, mais aussi à
celle de nos pensées. Quand la parole naît, le geste
ne disparaît pas ; même aujourd'hui, chez les peuples
les plus civilisés, le langage des gestes est, selon
l'expression de Ribot [1], « un substitut ᚎdu langage
parlé », il accompagne la conversation et surtout le
discours oratoire.

Le langage mimique est le premier langage de
nos enfants qui se servent instinctivement de jeux
de physionomie et de cris divers. L'enfant emploie
volontiers les sons imitatifs. Durant la première
phase du langage parlé, l'enfant et l'homme primitif
ne sont guère supérieurs à l'animal. Sans doute,
nos enfants sont, au point de vue de l'acquisition de
la parole, beaucoup mieux doués que les animaux
les plus intelligents ; cependant, l'enfant prononce
d'abord des mots sans les comprendre [2] et, pour

---

1. *L'évolution des idées générales*, p. 61 ; Paris, F. Alcan, 1897.

2. Le sentiment musical qui existe déjà dans le monde animal,
s'éveille chez l'enfant avant la compréhension des mots, même
avant la faculté d'articuler les premiers mots. Observez les
petits enfants bercés par leurs nourrices qui chantent pour les

parler, a besoin d'une éducation, sinon il reste muet ou, comme nous le verrons plus loin, devient verbomane. Comme les enfants en très bas âge, non seulement les hommes se sont servis de tout temps du langage mimique, mais ils en usent encore et s'en serviront aussi longtemps qu'ils auront besoin de s'observer et de se pénétrer mutuellement. La mimique est aussi riche et aussi variable que le cri, mais le cri est antérieur à la mimique.

Chez certaines espèces inférieures, et aussi dans le bas âge d'espèces plus relevées[1], le cri est uniforme et cependant, le son est déjà significatif, il répond à un besoin quelconque. La répétition, l'abaissement, l'élévation et d'autres modifications de la voix indiquent le premier effort vers l'expression des sentiments variés. Des modulations, incertaines au début, mais que l'exercice et l'habitude fixent peu à peu, à mesure que la conscience se forme, accroissent les ressources vocales.

Pour accentuer la ligne de démarcation entre l'homme et l'animal, certains affirment que le cri chez les animaux n'est que l'expression immédiate d'une émotion présente. Or, le langage animal franchit en plus d'une occasion les limites qu'on

---

endormir. Pendant que la nourrice chante, l'enfant a les yeux fermés, dès que le chant cesse, il ouvre les yeux : l'enfant ne s'endormait pas, il écoutait.

1. Lefèvre, *Les races et les langues*, p. 16 et suiv. ; Paris, F. Alcan.

prétend lui indiquer. Tout en étant provoqué par une sensation présente, ne lui arrive-t-il pas de répondre à des souvenirs, même à des prévisions? Il est indéniable que certains animaux, le chien, par exemple, sont capables d'attention, de mémoire et même d'abstraction. Les animaux ont dans l'intonation des cris et ses variétés une capacité d'expression orale qui a peut-être plus de portée que nous ne pouvons le comprendre et qui correspond aux sensations de peine et de plaisir, et aux rapports intellectuels qui les lient[1]. L'homme ne possède aucune faculté qui ne se trouve représentée élémentairement chez les animaux.

Le premier cri émotionnel chez l'animal était déjà un cri d'appel, compris par ceux qui l'entendaient. Chez l'anthropoïde[2] qui lentement devenait homme, le cri était sans doute plus riche en modulations, plus expressif et nécessairement plus intentionnel que celui de tout autre être vivant ; aux artifices — déjà féconds — des modifications de la voix se joignaient des efforts vers l'articulation, vers la consonne encore enfouie dans le brouillard sonore. Le cri se développa et se précisa en indications de distances, de nombre, de personnes, de sexe, en termes dé-

---

1. La différence essentielle qui sépare les moyens de communication des hommes et ceux des animaux, c'est que chez ces derniers ils sont instinctifs, tandis que chez les premiers ils sont arbitraires et conventionnels.

2. Lefèvre. *Ouv. cité.*

monstratifs, retenus et échangés par les membres des sociétés passagères ou durables, — horde, famille, tribu, — acceptés, modifiés, augmentés par les groupes voisins.

Associé à toutes les sensations, à tous les mouvements qu'il provoque, le cri émotionnel crée et détermine la valeur respective des éléments épars de la parole. Chaque cri constitue une phrase, puis les diverses parties de la phrase se limitent, se condensent, se précisent les unes les autres et se transforment ainsi en mots. Au fur et à mesure que les impressions produisent dans le système nerveux des images durables et que les idées se multiplient, la fonction de la parole progresse. Peu à peu, l'expérience acquise, la nécessité, l'usage, la force mécanique mais aussi organisatrice, sinon créatrice, de l'habitude, réagissant sur le cerveau de l'homme, le munissent du mécanisme auquel il doit l'évolution de sa faculté verbale qui des états rudimentaires arrive aux formes les plus complexes de l'activité mentale.

II

La fonction physiologique du langage [1] est une véritable machine à parler ; l'homme n'en prend

---

1. Le sens donné, dans cet ouvrage, aux termes *langage* et *parole* est identique : c'est celui de la parole articulée.

possession que progressivement. L'automatisme est la base de l'organisation du langage qui suit un processus involontaire et même inconscient. L'automatisme joue un rôle considérable dans l'acquisition, la prononciation et la répétition des mots, des phrases.

Le langage n'est pas notre œuvre propre. Nous usons du langage, nous ne le créons pas ; nous avons trouvé tout faits les mots que nous prononçons. La plupart des hommes acquièrent le langage verbal spontanément par le seul effet de la vie en société, sans y penser, ils l'emploient automatiquement sans y réfléchir, ils parlent, pour ainsi dire, sans s'en rendre compte ; l'habitude joue dans la vie un rôle autrement important que la réflexion. Ceux qui apprennent une langue étrangère par usage, la parlent mieux que ceux qui l'étudient dans les livres. Très souvent, des personnes, après une longue absence de leur pays d'origine, ne peuvent plus parler ni même entendre leur langue maternelle.

Reid[1] cite la parole comme un exemple frappant de la puissance de l'habitude. L'enfant apprend par habitude à prononcer les consonnes et les voyelles des mots de sa langue maternelle. La prononciation, si difficile d'abord, devient facile par habitude. Un orateur n'a qu'à concevoir ce qu'il veut dire et aus-

---

1. *Œuvres complètes,* t. VI, p. 27 ; Paris, 1868.

sitôt les lettres, les syllabes, les mots s'arrangent
sans qu'il y pense ; cela, avec le choix de la juste
expression des mots, en suivant les règles de la
grammaire, de la logique, sans en violer une seule.
Cet art, s'il était moins connu, paraîtrait un miracle.

Selon la définition de Despine [1], l'habitude est
« la puissance organique qui exécute seule les actes
appris, commandés et dirigés par l'esprit dans le
principe ». Cette dernière circonstance a toujours
fait attribuer ces actes à l'intelligence, bien que
celle-ci ait fini par n'y plus participer. L'effet le plus
simple de cette activité se voit dans la marche. Une
fois l'impulsion donnée par l'esprit, c'est l'automatisme qui préside à la continuation du mouvement
des membres. Un certain nombre de travaux ma-
nuels sont exécutés automatiquement lorsqu'ils ont
été souvent répétés. Des actes fort compliqués finissent par tomber complètement dans le domaine de
l'automatisme, après avoir été dirigés plus ou moins
longtemps par l'esprit. Lorsqu'un chant présentant
de nombreuses difficultés dans son exécution, a été
fréquemment répété, il arrive un instant où les pas-
sages difficiles qui ont exigé, dans le principe, une
attention et une volonté soutenues pour être exécutés,
sortent tout seuls de la voix, sans l'intervention
directe de la volonté. Cette exécution, appartenant

1. *Psychologie naturelle*, t. I, p. 490 et suiv.

désormais à l'automate, permet à l'esprit de s'occuper exclusivement de la partie psychique de l'exécution, de donner au chant l'expression exigée, de régler l'action scénique qui doit l'accompagner. Pour jouer d'une manière satisfaisante, sur un instrument quelconque, un morceau de musique hérissé de difficultés, il faut acquérir, par la répétition fréquente de cette œuvre, de la facilité à l'exécuter. Lorsque cet exercice s'est prolongé un certain temps, ce n'est plus le moi, la volonté de l'individu qui préside à l'exécution mécanique, ce sont les organes automatiques. L'artiste possède alors le morceau *dans les doigts.* Despine cite une grande pianiste, très émotionnée lorsqu'elle joue en public, qui lui disait : « Je suis parfois si troublée, que je ne sais plus ce que je fais : je laisse aller mes doigts sur le clavier, et ils exécutent tout seuls ; heureusement qu'ils sont plus assurés que moi et qu'ils ne se trompent point. » Chez certaines personnes, la mémoire organique est plus grande que la mémoire psychique. La mémoire psychique retient l'idée, la mémoire organique, qui appartient entièrement aux centres nerveux automatiques, retient la succession des mouvements. Très souvent, la mémoire psychique cesse de posséder l'idée, tandis que les centres nerveux automatiques, à force de les répéter, peuvent encore exécuter les mouvements. La répétition joue un rôle très puissant dans le langage et l'écriture.

Quand nous avons l'habitude d'écrire, la plume court toute seule sur le papier. Ce n'est plus alors l'intelligence qui dirige les mouvements de notre main, ce sont les centres nerveux automatiques qui exécutent les mouvements nécessaires pour fixer notre pensée. Quand on a répété plusieurs fois certains mots, la mémoire organique les retient si bien qu'on les récite, même en pensant à autre chose.

D'après Ribot[1], l'habitude est une puissance organisatrice de premier ordre, mais par incrustation, elle transforme peu à peu l'activité vive en un mécanisme purement physiologique d'où la conscience s'est retirée. Envahie par elle, l'homme est pris dans un réseau qui comprime toute spontanéité et dispose à l'inertie. Les habitudes se forment de deux manières : elles se greffent sur les instincts ; elles se produisent par sélection. Le premier mode est un processus d'association ou de fusion qui dépend de la nature du système nerveux. Les parties dont l'activité est simultanée tendent vers une intégration synthétique. Le second mode dépend surtout de l'utilité. C'est le succès plutôt que le choix qui détermine, au moins originellement, la formation d'une habitude. Quelle que soit la source de l'habitude, Ribot constate qu'une fois constituée, elle

1. *Le moindre effort en psychologie*, in *Revue philosophique*, octobre 1910.

opère positivement. « C'est une cause à actions lentes qui débilite la tendance à l'effort. »

Suivant Janet [1], l'activité automatique se concentre chez l'homme dans les phénomènes d'habitude ou de mémoire. Nos habitudes et nos souvenirs amènent des actes, des liaisons d'idées que nous constatons plus que nous ne les produisons réellement et où la conscience et la volonté jouent un rôle effacé. Elles ne sont pas supprimées, car nous pouvons les retrouver dans des choses que nous conservons dans le souvenir ou que nous faisons par habitude, mais elles sont négligées, comme si ces phénomènes conscients suffisamment exercés pouvaient être sans inconvénient livrés à eux-mêmes. Les idées confiées au souvenir et à l'habitude sont plus nettes quelquefois que celles de la conscience même et pour retrouver l'orthographe d'un mot, nous laissons notre plume écrire automatiquement. Nous pouvons même penser consciemment à autre chose pendant que les phénomènes livrés à la mémoire automatique s'accomplissent tout seuls avec une régularité parfaite. Il y a des personnes qui font autre chose pendant qu'elles parlent ; il y a des publicistes qui écrivent leurs articles dans un café tout en parlant, et le sujet de l'article n'est jamais celui de la conversation. Il y a des femmes qui bavardent,

---

1. *L'automatisme psychologique*, p. 463 ; Paris, F. Alcan.

tout en tricotant. C'est absolument par habitude qu'on écrit l'orthographe ou qu'on parle correctement, la réflexion n'intervient que très rarement.

Mais Janet[1] admet simultanément et l'automatisme et la conscience, et par là il donne raison à ceux qui constatent dans l'homme une forme d'activité élémentaire tout à fait déterminée, comme celle d'un automate, et à ceux qui veulent lui conserver, jusque dans ses actions les plus simples, la conscience et la sensibilité. En d'autres termes, il ne semble pas à Janet que, dans un être vivant, l'activité qui se manifeste au dehors par le mouvement puisse être séparée d'une certaine forme d'intelligence et de conscience qui l'accompagne au dedans, et il croit que non seulement il y a une activité humaine méritant le nom d'automatique, mais encore qu'il est légitime de l'appeler « un automatisme psychologique ».

L'automatisme, organique ou psychologique, dont l'activité se concentre chez l'homme dans les phénomènes d'habitude et de mémoire, joue dans le langage, nous l'avons déjà dit, un rôle prépondérant. Despine[2] a, l'un des premiers, constaté que la mémoire et l'habitude automatiques manifestent

---

1. *Ouv. cité*, p. 2.

2. *De la folie au point de vue philosophique et psychologique*, p. 17; Paris, 1875.

souvent leurs effets, chez certains aliénés, par la récitation de phrases qu'ils ont apprises et répétées
jadis, et auxquelles ils n'attribuent plus aucun sens.
Ces phrases faisant suite à des paroles usitées dans
la conversation banale et s'y adaptant très bien,
peuvent faire croire, dans certains cas, à l'existence
chez les aliénés qui les prononcent d'une certaine
dose d'intelligence. Mais il n'en est rien ; car, en
dehors de ces banalités, ils divaguent complètement.
Chez eux, les fonctions automatiques du cerveau,
fonctions que cet organe possède indubitablement,
ont survécu aux fonctions les plus élevées et les plus
délicates capables de manifester le moi et ses facultés
psychiques.

Chez les sujets normaux, l'automatisme du langage, — à l'instar de certaines autres fonctions automatiques, — se dissimule souvent derrière des révélations volontaires. Les phénomènes qui se rattachent
au langage sont si compliqués qu'il est difficile, très
souvent, d'y retrouver les actions automatiques,
indéniables cependant, d'autant plus que, le langage
servant à manifester nos idées, paraît constamment être l'effet d'un acte volontaire et intellectuel.
Mais dans certains cas pathologiques, et même dans
des conditions normales, nous trouvons des preuves
manifestes d'une action purement réflexe, et tout
au moins d'une sorte de mécanisme automatique,
où les sensations perçues influent plus directement

que la volonté et ont souvent plus d'action que
celle-ci [1]. Lorsqu'on étudie ce qui se passe dans
la récitation à haute voix, surtout chez les enfants,
on voit très bien que presque toujours ce n'est pas
l'idée à exprimer qui amène les mots, mais bien
l'habitude d'avoir répété plusieurs fois les mêmes
sons dans le même ordre. Un mot en amène un
autre, autant parce qu'on a cherché à les retenir
l'un après l'autre, que par la succession des sons.
C'est pour cette raison surtout qu'il est plus facile
de retenir textuellement des vers que de la prose ;
car dans ce cas, à côté du son des mots, il y a encore
le rythme du vers. De même, pour se rappeler la partie oubliée, il faut souvent recommencer le vers tout
entier, ou même reprendre une série de vers précé-
dents, et profiter surtout de la cadence et de la rime.
Souvent encore, sans entendre distinctement le mot
que la volonté cherche vainement, le son vague de ce
mot fait aussitôt revenir à la mémoire le mot oublié.
Ce phénomène est bien connu des comédiens. Le
souffleur n'est entendu que par la personne seule
qui récite, tandis que les autres personnes qui sont à
côté ne perçoivent qu'un bruit confus. Il y a dans
ces cas une action inconsciente où notre pouvoir
intellectuel n'intervient pas, et où l'excitation du
sens de l'ouïe agit d'une manière automatique. Que

1. Dr Onimus, *Du langage*, in *Journal de l'anatomie et de la phy-
siologie*, novembre-décembre 1873, p. 551. Paris, F. Alcan.

de fois l'intonation de la première partie d'une phrase ou d'un mot vous rappelle aussitôt la phrase et le mot entier! Sous ce rapport, les enfants sont très curieux à étudier, car dès que le mot exact leur revient par ce procédé, ils le prononcent très rapidement et comme s'il allait leur échapper. Chez le musicien, surtout chez le pianiste, les mouvements des doigts ne s'acquièrent que lentement et par éducation, et le doigté devient une sorte de mécanisme, — nous l'avons vu par l'observation de Despine, — dont la pensée n'a plus à s'occuper. Le jeu de l'artiste paraît d'autant plus naturel qu'il en laisse la direction à l'habitude. Lorsqu'une phrase lui échappe, il la retrouve en reprenant les mesures précédentes. Il en est de la mémoire des notes comme de la mémoire des mots, qui est réveillée par une sorte d'excitation de continuité et d'entraînement. Même chez les personnes qui pensent par elles-mêmes — elles sont très rares — la parole continue à s'énoncer, alors que la réflexion est occupée d'autre chose. Après une dizaine de représentations, l'acteur ne se préoccupe plus de ce qu'il doit dire, il peut débiter son rôle, avec les gestes et les mouvements appris, sans y faire attention.

Combien de fois répondons-nous machinalement, alors que notre pensée est ailleurs. Dans la joie, dans la colère, alors que la connaissance et la volonté sont absentes, les personnes, même instruites, intelligentes et bien élevées, emploient des expressions usuelles et vulgaires qu'elles ont entendues ou lues et emmagasinées dans leur cerveau inconsciemment. La grande majorité des hommes, instruits ou ignorants, sont des automates, des machines parlantes, ils portent en eux le principe d'un mouvement verbal déterminé par une puissance qui ne leur appartient pas.

Quand on embrasse d'un coup d'œil la phraséologie humaine, on s'aperçoit aisément qu'elle est basée sur l'automatisme.

———————

CHAPITRE II

LE LANGAGE, LA PENSÉE, L'INTELLIGENCE

I. — Simple et naturel au début, le langage est devenu complexe et
conventionnel. — A l'origine, la pensée et la parole sont unies.
— Le *logos* embrasse la conception du mot et celle de la pensée.
— Les langues modernes ont deux termes, l'un pour le langage,
l'autre pour la pensée, ce qui établit une différence entre les
deux termes et les deux notions. — La mobilité du sens des
mots. — C'est de l'idée, non du mot que part l'esprit quand il,
exprime sa pensée. — Plus le langage se développe, plus devient'
fragile le lien qui le rattache à la pensée. — La logique du langage. — La formation des mots. — Le nécessaire et le superflu
dans le langage. — Nous sommes arrivés à confondre les mots
entre eux et les mots et les idées.

II. — Les mots sont possibles sans les idées et les idées sont possibles sans les mots. — Le mot n'est qu'un auxiliaire de l'idée. —
La parole n'est pas toujours la représentation de la pensée. — Le
langage étant né pour exprimer une idée, il ne la devance pas,
il lui succède, mais, peu à peu et arbitrairement, il prend sa
place. — Le mot est plus en vue que l'idée. — Pour l'initié, la
pensée crée le langage, pour l'ignorant, le langage crée la
pensée. — L'étude des langues étrangères. — La parole intérieure.

III. — La parole n'est pas le critérium de l'intelligence. — Les troubles du langage. — Les idiots. — Les aphasiques. — Observations cliniques. — Les sourds-muets. — L'intelligence imitative et
l'intelligence créatrice. — Les savants et les philosophes les plus
profonds ne disposent souvent que d'un vocabulaire restreint,
tandis que les parleurs superficiels possèdent une provision
inépuisable de mots. — La parole du méditatif, même si elle
est lente, exprime sa propre pensée, elle n'est pas un acte auto-

matique d'où la conscience est absente. — Le langage sans
pensée est un phénomène morbide.

I

Le langage est né de ce besoin instinctif qui
poussa les premiers hommes à se constituer en
société. Sous l'influence de la civilisation, le langage a suivi le progrès intellectuel et, simple et
naturel au début, il est devenu conventionnel et
complexe. Les premiers hommes disposant de peu
de mots, certaines représentations devaient se
fondre dans une seule et même conception, et
s'exprimer par un seul et même vocable. Une seule
parole devait suffire à l'expression de la pensée tant
que celle-ci se rapportait à l'instant présent, et par là
même elle devait être parfaitement claire et intelli-
gible pour celui qui l'entendait prononcer [1]. L'homme
voyait un événement, un changement, un objet qui
faisait sur lui une impression quelconque; il sentait
le besoin de réagir sur cette impression par un acte
intellectuel, et de la communiquer en même temps
à un autre; il l'exprimait par une parole simple, et,
bien que brusque, parfaitement claire. Encore
aujourd'hui, les enfants, les gens d'un esprit peu
cultivé, les hommes sous l'influence d'une émotion
subite et profonde, s'expriment par de telles excla-

1. Voy. H. Weil, *De l'ordre des mots*, p. 22.

mations: L'éclair! Le feu! Tant que la pensée et la parole suivaient de près et immédiatement le moment même de la perception, l'unité de la parole pouvait correspondre entièrement à l'unité de la pensée. Mais dès que la pensée se rapportait au passé, ou qu'elle dérivait d'une manière moins immédiate de la perception des objets sensibles, l'expression simple ne pouvait plus être facilement comprise par celui auquel on l'adressait, et la phrase devait se décomposer. Il fallait d'abord que cet autre personnage auquel on voulait se communiquer fût placé au point de vue de celui qui parlait, il fallait qu'une parole d'introduction précédât la parole que l'on voulait exprimer, il fallait s'appuyer sur quelque chose de positif. Il s'établit ainsi un point de départ, un trait d'union entre celui qui parle et celui qui écoute.

Cette nécessité créa des mots nouveaux et donna aux mots existants des sens divers. A mesure que le langage progressait et s'enrichissait, le sens des mots se modifiait et se relâchait, la distinction des mots disparaissait et la richesse dans le langage devenait dissipation, intempérance [1].

---

1. Les 70.000 mots de la langue chinoise se laissent ramener à 450; tous les mots hébreux dérivent de 500 racines; nos langues les plus riches en apparence tirent tous leurs mots d'un petit nombre de racines. Les 250.000 mots du dictionnaire anglais proviennent d'environ 800 racines. Max Müller, dans son ouvrage *Science de la pensée*, donne la liste des 121 concepts radicaux qui sont la source de toutes les pensées qui ont traversé l'esprit humain.

A l'origine, la perception, la sensation, la pensée et la parole étaient essentiellement unies. Sans remonter bien loin, le problème du langage et de la pensée s'imposa à l'esprit grec, qui, par le mot λόγος, exprimait les rapports intimes du langage et de l'idée et la conscience qu'il en avait. Le mot *logos* embrasse la conception du mot et celle de la pensée, il ne les sépare pas l'un de l'autre. D'après les idées stoïciennes courantes, il n'y avait pas de distinction entre la pensée et la parole exprimant la pensée ; le même λόγος, qui était *pensée* tant qu'il restait dans l'esprit de l'homme, devenait *parole* lorsqu'il s'extériorisait.

Pour les Grecs, la parole sans la pensée est aussi impossible que la pensée sans la parole. Le mot qui ne représente pas, ne traduit pas une idée nette, est un son vide de sens. *Logos* est un seul acte intellectuel sous deux aspects [1]. Le mot est intraduisible. Aucune langue moderne ne possède un mot traduisant exactement le mot *logos*. Les langues vivantes ont deux mots, l'un pour le langage, l'autre pour la pensée, ce qui établit une différence entre les deux termes et les deux notions.

Étudier les causes de cette différence, c'est étudier l'évolution de l'esprit humain, du progrès, de la

---

1. Remarquons toutefois qu'en grec et en latin, le verbe *lego* a le sens commun d' « assembler », de « réunir ». Les Grecs, peuple disert, l'ont spécialement appliqué à l'assemblage des paroles ; λέγω signifie « dire, parler ».

civilisation : ce n'est point là notre tâche. Bornons-
nous à constater, — et cette constatation n'a nullement besoin de démonstrations, tellement elle est
évidente, — que nous sommes arrivés à confondre
non seulement les mots entre eux, mais les mots et
les pensées. Pour chaque sensation, chaque sentiment, chaque objet, chaque acte, chaque qualité, il
existe autant de noms qu'il y a de langues au monde
et tous les noms se valent et peuvent être indiffé-
remment substitués les uns aux autres. Nous avons
à notre disposition une telle variété de mots pour
traduire les nuances de nos sensations et de nos pensées que l'expression correspondant à un état d'âme
vrai et naturel nous semble rudimentaire et barbare.
Les mots sont pervertis, ils n'ont plus leur pleine
qualité. Il n'existe plus un mot pour une idée, mais
plusieurs mots pour une idée, et plusieurs idées
pour le même mot, et chaque mot a, généralement,
un assez grand nombre de significations différentes :
il faut que l'esprit choisisse, s'il veut éveiller une
signification déterminée. Or, nous n'avons pas le
temps de choisir, d'où souvent la confusion.

Le mouvement de la vie s'est accéléré. Nous trouvons plus pratique d'employer le mot qui se présente
à notre mémoire que de chercher le mot juste. Nous
n'avons pas le temps d'approfondir et nous prenons
facilement des mots pour des idées, malgré la différence qui s'est établie entre eux. Qu'est-ce qu'un

mot? Un cadre général dans lequel telle ou telle idée peut apparaître suivant le contexte. Le mot est général, le sens est particulier. Le mot est un cadre extensible où nous pouvons trouver tout ce que notre esprit est capable d'y projeter. Le sens d'un mot possède des possibilités de variations ; non seulement il est susceptible de s'écarter d'homme à homme, mais, dans le même individu, il s'élargit ou se condense, s'atrophie ou progresse, selon les tendances et les circonstances diverses. L'effigie du mot ne varie pas, mais sa qualité intrinsèque, son alliage varie. La valeur particulière du mot, outre l'influence du sens, de la forme, de la sonorité, réside dans le mécanisme même de l'élocution. Les mouvements musculaires qui se produisent involontairement dans les organes de la parole, lorsque nous entendons un mot, contribuent au timbre de l'émotion que produit le mot ; si nous ajoutons à cela le souvenir des constatations des sens relatives à la forme, à la couleur, au poids de l'objet que le mot représente, nous arriverons à admettre que les mots ne sont que des combinaisons d'éléments variables dont l'un des plus importants est sa valeur esthétique : sa forme et sa sonorité. Un mot est une sensation particulière, résultant d'une foule d'impressions réunies en faisceau. Un mot prononcé automatiquement, inconsciemment, sans but défini, par simple imitation, peut avoir un sens pour les personnes devant lesquelles il est prononcé. Rien n'est moins fixe que le sens d'un mot.

Pour Ribot[1], « le mot reste invariable, mais l'esprit l'applique à divers emplois : c'est un masque qui couvre tour à tour plusieurs visages. Il suffit d'ouvrir un dictionnaire pour voir ce que ce travail inconscient a d'ingénieux et de périlleux. Tel mot n'a que quelques lignes, il n'a pas fourni une brillante carrière. Tel autre remplit des pages : le voici d'abord dans son sens primitif ; puis, d'analogies en analogies, d'accidents en accidents, il s'en éloigne de plus en plus et finit par arriver à une signification toute contraire. »

Selon Bergson[2], « ce qui caractérise les signes du langage humain, c'est leur mobilité. Le *signe instinctif* est un signe adhérent, le *signe intelligent* est un signe mobile. Or, cette mobilité des mots, faite pour qu'ils aillent d'une chose à une autre, leur a permis de s'étendre des choses aux idées. Certes, le langage n'eût pas donné la faculté de réfléchir à une intelligence tout à fait extériorisée, incapable de se replier sur elle-même. Une intelligence qui réfléchit est une intelligence qui avait, en dehors de l'effort pratiquement utile, un surplus de force à dépenser. C'est une conscience qui s'est déjà, virtuellement, reconquise sur elle-même. Mais encore faut-il que la vir-

1. *Ouv. cité*, p. 97.
2. *L'évolution créatrice*, p. 172; Paris, F. Alcan.

tualité passe à l'acte. Il est présumable que, sans le langage, l'intelligence aurait été rivée aux objets matériels qu'elle avait intérêt à considérer. Elle eût vécu dans un état de somnambulisme, extérieurement à elle-même, hypnotisée sur son travail. Le langage a beaucoup contribué à la libérer. Le mot, fait pour aller d'une chose à une autre, est, en effet, essentiellement déplaçable et libre. »

Sans doute, le langage peut permettre, peu à peu, toutes les opérations de l'esprit; après une lente acquisition à la fois des faits concrets et des opérations mentales, il peut réagir sur l'intelligence, lui fournir une méthode d'observation, il peut avoir une influence sur la faculté de concevoir ou de connaître comme la faculté de connaître ou de concevoir peut avoir une influence sur la faculté du langage[1], mais, suivant l'expression de Darmesteter, c'est de l'idée non du mot que part l'esprit quand il exprime sa pensée. Selon Darmesteter[2], la vie des mots n'est autre chose que la valeur constante que l'esprit, par la force de l'habitude, leur donne régulièrement, valeur qui les rend les signes normaux de telles images ou idées. Les mots naissent quand l'esprit fait d'un nouveau mot l'expression habituelle d'une idée; les mots se développent ou dépérissent quand l'esprit rattache régulièrement à

1. Nous reviendrons sur ce point, dans ce même chapitre.
2. *La vie des mots*, p. 37.

un même mot un groupe plus étendu ou plus restreint d'images ou d'idées. Les mots meurent quand
l'esprit cesse de voir derrière eux les images ou les
idées dont ils étaient les signes habituels, et par
suite, n'usant plus de ces mots, les oublie. La vie
des mots vient donc de l'activité de la pensée. Le
mot est le serviteur de l'idée ; sans idée, le mot est
un vain assemblage de sons. L'idée, elle, peut exister sans mot, seulement elle demeure dans l'esprit,
« à l'état subjectif », et ne fait point partie du langage.

Julius Bahnsen [1], l'auteur de *Characterologie* et
de *Realdialektik*, estime que les formes de la pensée
reçoivent en apparence seulement leur contenu du
langage. Le langage n'est que l'extériorisation de
ces formes qui, en elles-mêmes, restent aussi vides
qu'elles l'étaient auparavant. Elles ne sont que les
caractères dont la raison a préalablement formé
l'empreinte. Et le mot est à la sensation ce que la
formule purement quantitative est en mécanique à
la force qu'elle représente. Tout ce qui ne peut se
représenter en signes mobiles reste inexprimable.
Voilà pourquoi le langage ne peut atteindre ni à
l'être substantiel ni au substratum transcendant de
ce qui est mobile, ni au contenu de l'intuition parti-

---

1. J. Talayrach, *La philosophie du langage de Julius Bahnsen* (Bei-
träge zur Philosophie der Sprache) d'après des documents inédits,
in *Revue de métaphysique et de morale*, septembre 1911.

culière, ni à l'individualité du caractère, ni à la
nature intime de l'acte particulier, voilà pourquoi
il ne peut pénétrer jusqu'au germe de toute connaissance pure. Mais si le langage ne peut pénétrer jusqu'au germe de la connaissance pure, il en participe
cependant. La forme esthétique et l'activité créatrice du langage précèdent la distinction de la sensibilité et de la pensée. Comme l'œuvre d'art, le langage porte l'empreinte de l'unité primitive de
l'intuition et du concept. Il possède la spontanéité
de l'une et l'universalité de l'autre. Les éléments
déclamatoires, musicaux, rythmiques, pittoresques,
sont du domaine de l'art. Dès qu'il se prête à des
combinaisons, à l'abstraction pure, à la phraséologie vide, le langage renie son origine. Plus il se
développe, plus devient fragile le lien qui le rattache
à son origine, plus il se fait abstrait, plus l'intuition devient inexprimable. Et, ajouterons-nous, plus
devient fragile le lien qui le rattache à la pensée
simple, primitive, plus il s'éloigne de la logique
naturelle de celle-ci. La logique du langage devient
en quelque sorte professionnelle et ne se confond
pas avec ce que nous appelons ordinairement de
ce .nom. « La logique proprement dite défend[1],
par exemple, de réunir en un jugement des termes
contradictoires, comme de dire d'un carré qu'il est

[1]. Bréal, *Essai de sémantique*, p. 213.

long. Or, le langage — à l'état de développement avancé — n'y répugne en aucune façon. Il permet même, si l'on veut, de dire d'un cercle qu'il est carré », ce qui répugnerait fort au langage simple, naturel.

Le rôle de l'intelligence dans la formation des mots[1] est plutôt effacé. La règle la plus élémentaire dans la formation des mots est que ces derniers soient vrais, c'est-à-dire qu'ils s'appliquent bien aux choses nommées, puisque la vérité des mots et celle des idées doit se confondre avec celle des choses. Le vrai ou le faux des idées dépend, en grande partie, de la vérité ou de la fausseté des mots par lesquels on les exprime.

Or, — dès la fin du XVIIe siècle, Locke, dans son *Essai*, l'avait déjà remarqué, — les noms que nous donnons aux choses ne sont pas les signes des choses elles-mêmes, mais bien les signes de l'idée que nous nous en faisons, à certains moments et dans certaines circonstances. De Brosses[2] a repris l'idée de Locke. Nous appliquons, dit-il, des noms aux choses réelles suivant ce que nous y voyons. Mais souvent nous croyons y voir ce qui n'y est point; et c'est en vertu de cette préoccupation que nous imposons le nom : de sorte que souvent il n'y a dans l'expression des choses que ce que nous y avons mis nous-

---

1. *Onomatopée*, mot grec, signifie, à la lettre, *formation du nom*.
2. *Traité de la formation mécanique des langues*, t. I, p. 54; 1765.

mêmes. Cependant, l'expression de la chose, née
d'une considération qui lui est étrangère, se substitue à la chose même et à la réalité. C'est cette
expression qui engendre et dirige tous nos raisonnements. Non seulement nous voyons dans les
choses ce qui n'y est point, mais souvent nous ne
cherchons pas à les voir autrement. Très souvent,
ce n'est pas la nécessité, mais la commodité du moment qui nous fait créer des mots dont notre langue
n'a nullement besoin. Nous créons la métaphore,
les allusions imprévues, nous divisons un terme en
mille sens détournés de leur vrai sens originel, ou
les expressions du même sens en mille termes dispa-
rates : ce qui ouvre un vaste champ aux dérivations
dénuées de toute analogie primitive. La langue est
appelée alors riche. En effet, dit de Brosses[1], les
plus riches sont ceux dont la dépense en superflu
excède de beaucoup celle du nécessaire. Mais il
arrive parfois qu'à force de superflu le nécessaire
souffre. Et dans une langue le nécessaire est la clarté,
peut-être même la simplicité, c'est la fidélité de
rapport entre le nom et l'objet qu'il désigne ; en
un mot, c'est la vérité qui doit s'exprimer par l'organe vocal, vérité qui ne se trouve plus dans les langues, dès qu'on a dépravé la nature par des allusions qui lui sont étrangères.

1. *Ouv. cité*, t. II, p. 54.

Si les mots qui semblent exprimer notre pensée ne font souvent que l'emprisonner dans les erreurs et les préjugés d'autrui, si l'emploi d'un mot ou d'une même phrase par deux personnes différentes ne prouve nullement l'identité de leurs idées, si une erreur bien présentée exerce autant et peut-être plus d'influence que la vérité, c'est parce que nous sommes arrivés à confondre, nous l'avons déjà dit plus haut, non seulement les mots entre eux, mais aussi les mots et les idées, c'est-à-dire que nous prenons des mots pour des idées.

II

A la question : les mots sont-ils possibles sans les idées et les idées sont-elles possibles sans les mots ? on peut répondre affirmativement. *A priori*, le mot et l'idée forment un couple inséparable. Penser et parler sont deux facultés connexes, corrélatives. La parole est l'apanage de la nature raisonnante. Le mot ne peut être que le signe extérieur qui traduit nos sensations, nos émotions, nos plaisirs, nos douleurs, notre vouloir, nos pensées, en un mot, nos perceptions et nos conceptions. Mais l'analyse même sommaire de la question nous démontre bien vite que la langue dont la base est purement méca-

nique n'est point la représentation de nos sentiments et de nos pensées [1].

Nous avons vu dans le chapitre précédent le rôle
immense de l'automatisme dans le langage. Il y a
des mots qui ont tellement servi, qui ont passé par
tant de lèvres qu'ils ont perdu, pour ainsi dire,
toute chaleur et toute valeur personnelle, et cependant nous continuons à les employer et à y trouver
ce qui n'y est plus. La plupart des hommes ne connaissent que des mots et ils considèrent le mot
comme équivalent à la pensée, il est même devenu
pour eux bien plus que la pensée, une essence, un
dogme. Cela ne prouve pas qu'ils aient conscience
des mots qu'ils prononcent. Whitney [2] constate qu'il
n'y a pas une personne sur cent, sur mille, qui se
rende compte de l'usage qu'elle fait du langage ;
elle sait qu'elle parle et voilà tout : cela veut dire
que le langage est compris d'une façon générale
comme un moyen de donner aux autres et de rece-

---

1. Les perroquets peuvent appliquer des mots, des membres de
phrase, des airs, à des personnes, des choses, des événements
déterminés, sans varier dans l'application, qui est toujours la
même.

Qui nous assure que, dans leur pays d'origine, les perroquets
ne vécurent jamais en société et n'eurent point de langage à eux?
Le changement de climat et d'aliments, la séparation des deux
sexes, la captivité et l'isolement ont affaibli leurs facultés intellectuelles. S'ils étaient libres, ils apprendraient plus facilement et
pourraient peut être arriver à être de grands orateurs.

2. La vie du langage, p. 236, 4° éd., Paris, F. Alcan, 1892. (Language
and the Study of language; fourth ed., London, 1884.)

voir d'eux ; mais il est bien peu de gens qui comprennent sa psychologie réelle.

L'idée est-elle possible sans le mot ? Pour Preyer[1],
c'est un préjugé — très répandu — de croire que
« sans parole il n'y a pas de conception ». Des dis-
tinctions subtiles entre la conception et le jugement
ont fait adopter une autre forme de phrase ; mais
même modifié en « sans mots pas de jugement »,
cet axiome n'est pas le moins du monde établi. Y
a-t-il une pensée sans paroles ? Pour le penseur qui
a depuis longtemps oublié l'époque où il a appris à
parler, il est difficile ou impossible de répondre avec
décision. Mais l'enfant qui ne sait pas encore parler,
que l'on n'a pas trop tôt artificiellement modifié par
l'éducation et en combattant les moyens par lesquels
il s'efforce de manifester l'état où il se trouve, qui
apprend à penser par lui-même, tout comme il
apprend à entendre et à voir lui-même, cet enfant,
suivant Preyer, montre clairement à l'observateur
attentif que, longtemps avant de connaître les mots
en tant que moyens d'intelligence entre les hommes,
et longtemps avant la première tentative pour s'exprimer au moyen de mots articulés, longtemps aussi
avant que la signification d'un seul mot soit comprise, les idées s'enchaînent logiquement, c'est-à-
dire que l'enfant pense. « Penser, c'est donc bien

---

1. *L'âme de l'enfant*, p. 291 ; trad. fr. Varigny, Paris, F. Alcan,
1887. (Die Seele des Kindes. Dritte Auflage, Leipzig, 1890.)

parler intérieurement, mais il y a aussi une pensée sans mots. »

Séglas[1] admet également que l'enfant nous offre la meilleure preuve que l'idée peut se constituer indépendamment du langage. Bien que ne parlant pas encore, il manifeste par des gestes, par des cris, le désir qu'il a d'un objet bien déterminé dans son esprit. En vain lui en présente-t-on d'autres, il se détourne, crie plus fort, s'agite, pleure, jusqu'à ce qu'on arrive à comprendre ce qu'il veut. Au contraire, en lui donnant l'objet convoité, on voit, à sa satisfaction, qu'il a obtenu ce qu'il désirait. Cet enfant avait donc bien l'idée d'un objet déterminé, avant de savoir parler. L'idée se forme avant et sans le mot : elle en est indépendante et le mot n'est que son auxiliaire, autrement dit, l'idée peut exister sans le mot qui la représente.

Il est un fait psychologique généralement admis aujourd'hui : les mots parlés ou écrits sont les auxiliaires de l'idée ; suivant l'expression de Gilbert Ballet[2], ils lui donnent quelquefois plus de netteté, ils la rendent plus maniables, mais ils ne sont pas inséparables de l'idée. L'idée peut exister sans le mot qui la représente, et de fait elle se constitue d'ordinaire sans le mot et avant le mot. L'étude du

1. *Leçons cliniques sur les maladies mentales et nerveuses*, p. 33.
2. *Le langage intérieur et les diverses formes de l'aphasie*, p. 6. Thèse d'agrégation, Paris, F. Alcan, 1886.

développement parallèle des idées et des mots chez les enfants nous fait comprendre les relations que présentent ces deux éléments de nos opérations psychiques. L'idée arrive à se constituer indépendamment du langage, ce qui prouve qu'elle ne lui est pas subordonnée.

Le langage étant né pour exprimer une idée, il ne la devance pas, il lui succède. Mais peu à peu et arbitrairement il prend sa place. Même quand le langage est adhérent à l'idée, leurs rapports ne sont que conventionnels et bien artificiels, en tout cas, momentanés. Le mot est plus en vue que l'idée ; il frappe l'oreille, il accapare la curiosité, et parce qu'il produit l'impression la plus vive, il prend le rôle le plus grand. Pour l'initié, la pensée crée le langage, l'homme parle parce qu'il pense. Pour l'ignorant, le langage crée la pensée, l'homme pense parce qu'il parle.

Darmesteter[1] se demande, et beaucoup d'autres avec lui, s'il est possible de savoir à fond une ou plusieurs langues étrangères de manière à en faire autant de langues maternelles, et de porter dans son esprit, de concilier, sans effort, des modes différents et souvent opposés de grouper les idées et de comprendre les choses sans nuire à l'originalité de sa pensée ? N'y a-t-il pas là péril pour l'intelligence ?

1. *Ouv. cité*, p. 18.

Au point de vue de l'encombrement physiologique, il y a, certes, péril pour l'intelligence, mais le fait d'apprendre à fond plusieurs langues de manière à en faire autant de langues maternelles, — l'accent excepté[1], — est possible. Et ce fait est une preuve que le mot n'est pas toujours adhérent à la pensée.

Quand nous traduisons en un idiome étranger une pensée née dans notre esprit et en notre langue maternelle, ou quand nous traduisons en notre langue maternelle une pensée née dans notre esprit en un idiome étranger, nous sommes obligés de séparer notre pensée de sa forme primitive, de la bien définir, de la bien dégager de son enveloppe première, d'en prendre nettement conscience; et avant de la plonger, pour ainsi dire, dans le nouveau moule, nous mettons ce moule à côté d'elle : la forme primitive, la forme nouvelle et la pensée elle-même sont nettement séparées, divisées.

Parler une langue étrangère ne veut pas dire la connaître. Il y a des maîtres d'hôtel qui parlent cinq ou six langues, sans en connaître bien une seule. Connaître une langue, c'est pouvoir pénétrer son esprit, être au courant de ses évolutions successives, de ses particularités, c'est surtout penser en cette langue, c'est aussi la parler intérieurement. Et cette faculté de parole intérieure est la preuve, la meil-

---

1. Nous reviendrons sur ce point dans les chapitres v et vi.

leure par excellence, que l'idée est possible sans le mot. C'est la parole intérieure, et non la parole articulée, qui est le vrai critérium de l'intelligence. Nous pouvons penser sans que nos lèvres traduisent nos idées par des mots, comme nous pouvons parler sans avoir une notion précise, psychologique, de l'idée que nos paroles renferment. On peut parfaitement prononcer les mots « justice » ou « solidarité » sans comprendre le sens, la signification, l'idée que ces mots traduisent. Nous pouvons également penser sans convertir nos pensées en signes extérieurs, signes sonores, articulés à voix haute ; nous pouvons penser intérieurement, sans nous faire entendre. Egger, le premier, a mis cette vérité en lumière. Toute pensée, avant de s'extérioriser, est intérieure. Il est possible que la majorité des hommes ne se rendent pas compte et n'aient aucune conscience de la parole intérieure, comme de la vie intérieure, mais cette parole intérieure et cette vie intérieure existent. Elles sont même plus riches que la parole et la vie extérieures, puisque les poètes, artistes, philosophes n'arrivent jamais à rendre, par la parole, par la couleur, par le son le meilleur de leur vie intérieure. Comme le dit si bien Egger[1], « la parole intérieure existe, parole silencieuse, secrète, parole mentale, sans existence objec-

---

1. *La parole intérieure*, p. 1 et suiv., Paris, F. Alcan.

tive, étrangère au monde physique. Quand l'homme est seul avec ses souvenirs et ses pensées, quand il écrit ou lit, il entend la parole intérieure se dégager des faits qui l'entourent. Il se tait parce que parler lui semble inutile, mais la parole ne l'abandonne pas, elle demeure en lui, et nul autre que lui-même ne peut l'entendre. Tantôt il se remémore ce qu'il avait auparavant lu ou entendu, tantôt et plus souvent, sa pensée, futile ou profonde, est nouvelle et le langage secret qui la suit fidèlement dans ses détours est nouveau comme elle... Sans cesse nous pensons, et, à mesure que se déroule notre pensée, nous la parlons en silence, intérieurement... Quand nous parlons à haute voix — quand notre parole est normale, consciente, traduisant notre pensée, — la parole intérieure n'est pas pour cela absente, elle ne se tait qu'à demi, et par intervalles ; quand nous reprenons haleine, quand nous marquons par de courts silences les points et les virgules de nos phrases, nous l'entendons, elle nous dicte les mots qui vont suivre... La vraie parole intérieure est personnelle, elle ne produit qu'une voix, la nôtre ; en elle, tout est de nous, car tout est pour nous ; elle nous est intime : nous nous disons par elle ce que nous avons à nous dire ; elle imite notre voix pour exprimer notre pensée ; c'est toujours notre voix, comme lorsque nous parlons tout haut ou tout bas dans la solitude, mais plus discrète encore, plus voilée, perceptible à nous seuls; elle n'est pas pour autrui, et elle n'a rien d'autrui... »

Ne cherchant qu'à être compris par nous-mêmes, nous pouvons parler très bas, très vite, abréger les phrases, modifier les tournures et les expressions, créer des mots, transformer leur sens, user du langage intérieur à notre fantaisie, c'est notre création, c'est le langage le plus adhérent à notre pensée. Et voilà pourquoi, très souvent, nous nous expliquons mal et nous avons de la peine à faire connaître à autrui notre pensée et nos sentiments les plus intimes, car il nous faut faire appel à la langue de tous, à la langue courante.

Notre langage articulé n'est pas l'image exacte de notre entendement. Les mots trahissent la pensée, égarent l'esprit, le poussent vers l'illogisme et l'absurde, font dévier la raison. Quand l'idée se présente à l'esprit, elle est vaste et large, dès qu'il faut l'exprimer, il est indispensable, sinon de la mettre dans un moule, du moins d'en indiquer les limites. Les termes que nous employons restent au-dessous de nos idées. Nos paroles sont incomplètes pour signifier dans leur véritable étendue nos pensées. Il y a des sentiments que les mots ne sauraient traduire et qui ne peuvent s'exprimer que par le rythme et l'harmonie.

Les sensations subjectives sont excessivement difficiles à définir, nous manquons de mots justes pour les exprimer, et cependant, nous en parlons constamment. Pour celui même, remarque Preyer[1], qui possède entièrement sa langue, les ressources générales de celle-ci sont insuffisantes. Nul ne peut, par exemple, nommer toutes les couleurs perceptibles, ou bien décrire une douleur ou seulement un nuage, de telle sorte qu'un auditoire puisse, d'après la description, se faire de l'un ou de l'autre l'idée même de l'orateur. Les mots peuvent être insignifiants et l'idée nette. Lorsqu'une notion est difficile à traduire clairement par des mots, on la revêt de beaucoup de termes ; la confusion et le désaccord en deviennent plus grands. Cependant, Preyer reconnaît que les mots seuls rendent possibles la constitution et l'éclaircissement des notions les plus élevées et permettent la constitution de notions nouvelles ; sans eux l'intelligence de l'homme s'arrête à une phase peu avancée de son développement, parce qu'ils représentent le moyen le plus sûr et le meilleur pour fixer et exprimer les idées. Si les idées ne sont jamais exprimées au dehors, ou si elles ne le sont que d'une façon incompréhensible, celui qui les possède ne peut les employer, ni en tirer parti. Seules les idées qui, après avoir été communiquées aux autres, persistent, ont quelque valeur.

Ribot[2] est du même avis. « Penser, dit-il, étant

1. *Ouv. cité*, p. 357.
2. *Ouv. cité*, p. 48.

synonyme de comparer, abstraire, généraliser, juger, raisonner, c'est-à-dire dépasser à un. degré quelconque la vie purement sensorielle et affective, la question véritable n'est pas : Pense-t-on sans mots ? mais : Dans quelle mesure peut-on penser sans mots ? Dans tous les cas, la pensée sans mots ne donne pas sa pleine mesure. »

Certes, mais le mot, lui, donne sa pleine mesure seulement quand il est le serviteur obéissant et l'image de la pensée personnelle. Pour que la parole soit une expression de pensées, il faut que les mots acquis soient reliés aux images, perceptions, sensa-.tions, idées, souvenirs déterminés, qu'ils en constituent le terme synthétique et abrégé. Toute la valeur du langage consiste dans la pensée. Le langage vaut ce que vaut la pensée. Or, la majorité des hommes entendent, retiennent et prononcent un mot, bien avant d'avoir conçu la notion à laquelle il répond, souvent sans le comprendre ou le comprenant d'une manière fausse. S'il était impossible de retenir et de répéter les mots sans les comprendre, s'il était impossible de parler sans penser, la plupart des hommes seraient muets et taciturnes. Psychologiquement, c'est l'idée, non le mot qui est le critérium de l'intelligence.

III

Esquirol[1] base sur l'état de la parole sa classification des idiots et des imbéciles. Dans le premier
degré de l'imbécillité, la parole est libre et facile ;
dans le second degré, elle est moins facile, le vocabulaire est plus circonscrit. Dans le premier degré
de l'idiotie proprement dite, l'idiot n'a à son usage
que des mots, des phrases très courtes; les idiots du
second degré n'articulent que des monosyllabes ou
quelques cris; enfin, dans le troisième degré il n'y
a ni paroles, ni phrases, ni mots, ni monosyllabes.

Cette classification paraît insuffisante à P. Sollier[2].
« Prendre la parole pour base d'une classification
des idiots et des imbéciles est très contestable. Il
s'en faut de beaucoup que la parole soit en rapport
avec l'intelligence. De ce qu'un homme d'une intelligence normale parle facilement, tandis qu'un idiot
profond ne parle pas du tout, il ne s'ensuit pas que
la parole soit la toise à laquelle se mesure l'intelligence des individus compris entre ces deux termes
extrêmes. De même que chez les individus normaux
ce ne sont pas toujours ceux chez lesquels la parole
est la plus brillante qui offrent les qualités d'esprit
les plus solides, de même chez les idiots ce n'est

1. *Des maladies mentales*, t. II, p. 340; Paris, 1838.
2. *Psychologie de l'idiot et de l'imbécile*, p. 10; Paris, F. Alcan.

pas non plus le seul critérium. Les microcéphales, par exemple, parlent en général avec facilité, souvent même avec volubilité, tandis que les hydrocéphales parlent au contraire plus lentement, plus difficilement et sont moins bavards. Et cependant, à moins d'un degré très accentué, l'hydrocéphalie comporte souvent plus d'intelligence que la microcéphalie. La facilité de la parole ne tient pas seulement du reste à l'état des centres nerveux, elle tient aussi à l'état des organes qui la transmettent, lesquels sont chez les idiots, comme beaucoup d'autres organes, plus ou moins défectueux. Nous né saurions, pour notre part, nous baser sur le développement de la parole pour classer un idiot dans telle ou telle catégorie. »

Plus loin, Sollier[1] reprend cette question des rapports du langage avec le développement de l'intelligence. « Ceux qui ont prétendu baser leur classification des idiots sur le développement du langage ont pensé qu'il y avait un rapport direct entre les deux. Il est possible qu'à regarder les choses superficiellement, il existe en effet un certain rapport de ce genre. Mais si on veut se donner la peine d'examiner les choses de plus près, on s'aperçoit vite que non seulement le développement du langage n'est pas corrélatif du degré intellectuel chez les

1. *Ouv. cité*, pp. 154 et 155.

gens normaux, mais même chez les idiots. » Sollier
cite Kussmaul, Preyer et d'autres qui nient formel-
lement ce rapport : ils ont connu des enfants très
intelligents et cependant privés de parole, sans être
sourds-muets néanmoins.

Chez beaucoup d'hommes éminents on trouve
l'inégalité entre l'idée et l'expression. Il y a aussi
des idiots loquaces qui occupent un degré très inférieur dans l'échelle intellectuelle; ce sont les microcéphales. La parole n'est donc pas un critérium.
On peut admettre une intelligence capable d'accepter
les notions qu'on lui donne par le langage et de
s'en servir, et incapable d'un autre côté de les
reproduire par le même procédé; on ne comprend
pas une intelligence incapable de comprendre les
notions fournies par les différents sens et capable
cependant de recevoir celles que lui fournit le langage. Le langage est beaucoup, mais pas tout, il faut
d'abord une intelligence capable de se développer.
Il y a des idiots qui, grâce à la mémoire auditive ou
visuelle, conservent le souvenir des mots entendus
ou écrits, peuvent même les répéter, et ont ainsi un
vocabulaire assez étendu, sans cependant comprendre
les idées renfermées dans les mots.

En somme, le langage ne paraît pas à Sollier en
rapport avec l'intelligence pour trois raisons :
1° parce qu'il y a des gens très intelligents qui ont
un langage très défectueux, et même des enfants

chez lesquels il ne s'est jamais développé ; 2° parce
que c'est la réceptivité du langage qui est signe d'intelligence et non pas son émission ; 3° parce qu'il
existe des idiots presque complètement dépourvus
d'intelligence et chez qui la parole est plus développée que chez d'autres plus élevés intellectuellement. Beaucoup de personnes atteintes d'idiotisme
acquis sont très bavardes[1]. Le niveau intellectuel
d'un homme peut être mesuré non à la façon dont
il parle, mais à la façon dont il comprend.

Quant aux aphasiques[2], il s'agirait de savoir si, en
dehors du déficit spécialisé pour le langage, il y a
chez eux un déficit intellectuel. Certains psychiâtres
considèrent, encore de nos jours, un aphasique
comme un aliéné, parce que, manquant de mots, il

---

1. Selon Séglas, toutes les anomalies du langage chez les idiots
et les imbéciles sont sous la dépendance de diverses causes, telles
que le manque de développement intellectuel, l'entrave à l'exercice de la fonction du langage par une localisation maxima des
lésions anatomiques au niveau de ses différents centres, les vices
de conformation des organes de la parole. Séglas reconnaît, cependant, que pour les idiots et les imbéciles apprendre à parler est
plus facile que d'apprendre à lire. (*Des troubles du langage chez les
aliénés*, p. 13.)

2. L'aphasie est la perte d'une faculté, celle d'exprimer sa
pensée par la parole, et le plus souvent aussi de l'exprimer par
l'écriture et le geste. (Trousseau. *Clin.*, II, 690, 6° éd., 1882.)

L'aphasie est un état caractérisé par la diminution ou la per-
version de la faculté normale d'exprimer les idées par des signes
conventionnels ou de comprendre ces signes, malgré la persis-
tance d'un degré suffisant d'intelligence et malgré l'intégrité des
appareils sensoriels, nerveux et musculaires qui servent à l'expression ou à la perception de ces signes. (Legroux. *De l'aphasie.*
Thèse d'agrégation, p. 6, 1875.)

semble manquer aussi d'idées, ce qui est très contesté.

Pierre Marie[1] estime que l'aphasie est la conséquence d'une déchéance intellectuelle et qu'elle est la preuve de la diminution de l'intelligence. Tout aphasique est un être à l'intelligence affaiblie et cet affaiblissement des facultés mentales n'a aucun rapport avec la démence. Pour Déjerine[2], chez les aphasiques l'intelligence est le plus souvent touchée, mais l'amoindrissement psychique est si peu accusé qu'il peut passer complètement inaperçu.

Deux récentes thèses de médecine résument les controverses des deux écoles françaises sur l'aphasie.

Le Dr Moutier[3], disciple de Pierre Marie, considère l'aphasie comme un trouble du langage intérieur ; « de tous ses modes d'extériorisation, elle atteint le mot, symbole intellectuel ». Le Dr Brissot[4], disciple de Déjerine, n'accepte pas cette définition. « S'il est vrai, dit-il, que la perturbation, jetée dans l'évocation des images verbales conditionne l'aphasie, rien n'autorise à considérer le mot comme un symbole intellectuel, alors qu'il représente la manifestation simple de la pensée. » Le mot représente-t-il même

1. *Revue de médecine*, 1883, p. 693. *Presse médicale*, 1897, II, p. 397. *Semaine médicale*, 1906, pp. 241-493-565.

2. *Presse médicale*, 11 et 18 juillet 1906. *Revue neurologique*, 1908, n° 14. *Traité de pathologie générale* (Bouchard), t. V.

3. *L'aphasie de Broca*, p. 238. Thèse de Paris, 1908.

4. *De l'aphasie*, p. 25. Thèse de Paris, 1910.

la manifestation de la pensée? Le mot peut être prononcé par imitation, sans que celui qui le prononce en ait une notion exacte. Pour le Dr Moutier, « l'idée peut exister sans mots ; mais elle ne peut exister sans aucun signe. Une idée subjective, une idée que rien ne traduit, une idée-tendance, n'existe pas ». Et le musicien qui, assis devant sa table de travail, cherche pour la symphonie qu'il compose et dans laquelle il met toute son âme, un thème en rapport avec les sentiments qu'il veut exprimer? N'a-t-il pas de ces idées subjectives, de ces idées-tendances? « S'il demande au chant, dit le Dr Brissot, ou au clavecin une idée momentanée, ne le voit-on pas, d'une façon à peu près constante, donner libre cours à ses pensées et s'abandonner aux passions les plus violentes qui naissent en lui? Et lorsqu'enfin, la phrase musicale s'est déroulée dans son esprit, il la fixe sur le papier. La représentation graphique de la musique, c'est-à-dire la note, n'est, en général, d'aucun secours à l'artiste qui compose et n'a pour lui que la valeur d'un symbole ; la pensée musicale, au contraire, dirige sa volonté ; elle est la source du génie. »

Dans un beau cas rapporté par le Dr Brissot, on voit une malade aphasique[1] dont l'autopsie, pratiquée vingt-quatre heures après la mort, a donné

---

1. Traitée par le Dr Déjerine.

des résultats surprenants. Aphasique depuis quatorze ans, et malgré l'existence de deux gros foyers de ramollissement, la malade n'a jamais présenté le moindre trouble intellectuel ; c'était, bien au contraire, une femme intelligente et cultivée, polyglotte, sachant le français, l'allemand, l'italien et l'espagnol. Seule la destruction de la troisième frontale et, en particulier, du centre de Broca, explique chez cette malade les altérations du langage parlé. La thèse du Dr Brissot contient des nombreuses observations cliniques d'aphasiques avec conservation de l'intelligence.

Bergson, dans *Matière et Mémoire*[1], apporte sa contribution à l'étude de l'aphasie. « Je puis, dit-il, saisir une mélodie, en suivre le dessin, la fixer même dans ma mémoire, et ne pas savoir la chanter. Je démèle sans peine des particularités d'inflexion et d'intonation chez un Anglais parlant allemand — je corrige donc intérieurement ; — il ne suit pas de là que je donnerais l'inflexion et l'intonation justes à la phrase allemande si je parlais. Les faits cliniques viennent d'ailleurs confirmer ici l'observation journalière. On peut encore suivre et comprendre la parole alors qu'on est devenu incapable de parler. L'aphasie motrice n'entraîne pas la surdité verbale. »

Oui, on peut suivre et comprendre la parole alors

1. Page 116, Paris, F. Alcan.

qu'on est devenu incapable de parler. Un étudiant de Dublin, âgé de vingt-six ans, d'une culture littéraire très poussée (il connaissait le latin, l'anglais, le français, l'italien, l'allemand), fut frappé subitement, pendant son déjeuner, d'une attaque d'apoplexie. Quand il revint à lui, il était paraphémique. Il parlait, mais ce qu'il disait était incompréhensible ; c'était un jargon étrange, incohérent, totalement dénué de sens. Il comprenait fort bien ce qu'on lui disait. Il pouvait lire mentalement les journaux et prenait plaisir à étudier des ouvrages scientifiques. En revanche, il était incapable de lire correctement à haute voix. Il était également incapable de répéter autre chose que des monosyllabes. Malgré tout cela, il exprimait très facilement ses idées par l'écriture. Il répondait par écrit à des questions d'histoire. Il traduisait des textes latins. Les mots qu'il écrivait étaient justes, orthographiés [1].

Nous connaissons un cas presque semblable. N... n'entend rien et ne prononce que des monosyllabes, mais il comprend et s'exprime parfaitement bien par écrit; en 1911, il a fait représenter, dans un grand théâtre de Paris, une pièce de haute valeur littéraire et philosophique.

Tous les cliniciens sont unanimes à reconnaître

---

1. Osborn. *Dublin quarterly Journal of med. and surg. Sciences*, vol. IV, p. 157, 1833. Cité par le Dr Saint-Paul, *Le langage intérieur et les paraphasies*, p. 213.

la richesse extraordinaire du langage mimique chez
les aphasiques. Dans la plupart des cas, le geste est
conservé, ainsi que les expressions de la physionomie.
Par là, les malades peuvent montrer qu'ils ont conservé leur intelligence. « Le désordre mental, dit le
Dʳ Garnier[1], ne dérive pas de l'aphasie elle-même,
mais bien des conditions anatomo-pathologiques
dont celle-ci dépend. A côté de l'aphasique devenu
aliéné, on trouve l'aliéné devenu aphasique. » Les
discussions sur l'aphasie sont loin d'être closes, à
l'heure actuelle, dans le monde des neuro-patholo-
gistes.

Si nous passons aux sourds-muets, nous constatons que beaucoup d'entre eux, sans posséder la
parole ou l'écriture, ne sont pas dépourvus d'intelligence. Kruse[2] nous offre une observation frap-
pante. Un jeune sourd-muet fut en 1805 trouvé par
la police de Prague en état de vagabondage. Comme
on ne pouvait rien en tirer, on l'envoya à l'Institut
des sourds-muets où il fut interrogé. Assez cultivé
pour fournir aux questions qu'on lui posait des
réponses exactes, il donna une description de ce
qu'il se rappelait sur son passé, il donna une description exacte de sa maison natale et de ses envi-
rons. Il raconta comment sa mère et sa sœur étant

---

1. *Aphasie et folie*, p. 141 (Archives générales de médecine,
1889, vol. 1).

2. *Ueber die Taubstummen*, p. 54. Schleswig, 1853.

mortes, son père se remaria; sa belle-mère le mal-
traitait et il s'échappa. Il ne connaissait ni son propre
nom, ni celui de son village, mais il savait que sa
maison était à l'orient de Prague et qu'il y avait un
moulin. On fit des recherches et les dires de l'enfant se vérifièrent. La police trouva la demeure, lui
donna son nom et lui assura sa part d'héritage.

Il est superflu de faire ressortir la distance qui
sépare l'aphasique, le paraphémique, le sourd-muet
et l'homme qui parle simplement mal. « Puisque
les idées et les mots ne sont pas nécessairement
subordonnés les uns aux autres, on conçoit que ces
derniers puissent disparaître de l'intellect sans que
les idées soient pour cela abolies[1]. » Et d'autre
part, dirons-nous, les mots, même abondants, ne
prouvent nullement l'existence des idées chez le
sujet.

S'il serait puéril de nier que certains troubles du
langage témoignent d'un déficit intellectuel, il serait
non moins puéril d'affirmer que tout langage, même
purement imitatif et à tendance automatique, soit
un signe d'intelligence. Il y a, sans doute, une
intelligence imitative, mais elle diffère sensiblement
de l'intelligence créatrice laquelle ne consiste pas
dans la répétition, la systématisation, la coordination plus ou moins logique des mots, mais dans

1. Ballet. *Ouv. cité*, p. 9.

l'impulsion créatrice, dans l'élaboration ou du moins dans la compréhension personnelle des idées qu'on émet.

Suivant Kussmaul[1], plus nous apprenons à rendre nos idées abstraites par des mots et à gouverner nos états affectifs par l'intelligence et la raison, et plus l'excitation dans l'acte de parler se limite au territoire moteur des instruments propres à la parole. La pensée philosophique, s'élevant aux plus hautes abstractions, ne s'accomplit que dans le silence ; de douces images vocales et écrites, n'exigeant des centres moteurs de la parole que des excitations très faibles, accélèrent la conception des pensées et permettent la réflexion personnelle. Les savants et les penseurs sont en général assez réservés dans leurs paroles, mais les enfants et les gens sans réflexion disent tout ce qui leur passe par la tête. Selon Egger[2], les grands, les vrais penseurs cherchent leurs mots ; à moins que le génie de la pensée ne soit complété chez eux — chose bien rare, — par le génie du style, ils connaissent par leur propre et fréquente expérience cet état d'esprit qu'on a voulu contester, dans lequel on poursuit l'expression claire, adéquate, saisissante, d'une pensée déjà bien arrêtée... Egger prétend que la difficulté de l'ex-

1. *Les troubles de la parole*, p. 78, Paris, 1884. (*Die Storungen des Sprache*. Leipzig, 1873.)
2. *Ouv. cité*, p. 233.

pression est en raison de l'originalité de la pensée, qu'à l'abstraction croissante des concepts, à l'imprévu toujours plus grand des jugements, correspond un écart toujours plus difficile à combler entre le langage usuel et le rôle nouveau qu'il est appelé à remplir, entre l'offre du langage et la demande de la pensée. De là des retards dans la découverte des formules, et, en attendant, leur imperfection. Plus une pensée est banale, plus facilement elle s'exprime ; plus elle est originale, moins de chances elle a d'être énoncée vite et bien... Egger a raison de dire que le nombre des chercheurs de mots est restreint et que la plupart des hommes se répètent les uns les autres et expriment l'idée courante par le langage à la mode : ceux-là n'ont pas de peine à dire clairement ce qu'ils conçoivent sans effort.

Le voyageur de commerce ou l'orateur des réunions publiques aura la parole plus facile, souvent plus claire et distincte et s'exprimera avec plus de volubilité que le savant qui passe la grande partie de sa vie dans son laboratoire ou dans son cabinet de travail, en compagnie de ses idées, enfoncé dans la vie contemplative. La facilité mécanique de la parole lui manque, mais il a l'unité et l'individualité de la pensée et de la parole. La facilité de l'expression n'est pas toujours l'apanage des hommes d'esprit. L'amoindrissement de l'homme qui parle mal est un phénomène purement objectif. Il arrive à des écrivains, à des artistes médiocres — peintres, sculpteurs, compositeurs — de parler de leur art avec éloquence et de se montrer aussi bons diseurs et même bons professeurs qu'ils sont médiocres créateurs, tandis que les véritables créateurs produisent, mais ne savent pas parler. Les philosophes les plus profonds et les plus personnels ne disposent que d'un vocabulaire restreint et sont accusés d'indigence, tandis que le parleur superficiel sait manœuvrer avec une provision inépuisable de mots, et est admiré. Nous ne devons jamais juger les esprits d'après une discussion orale.

Les grands savants, les grands philosophes, les grands écrivains jouent un rôle effacé dans les salons et les parlements. On ne voit pas un Spinoza[1], un Kant, « pérorer » dans un salon ou discourir dans un parlement moderne. Le méditatif habitué à la parole intérieure n'est point un orateur, il parle même souvent très mal, lentement, s'arrête au milieu de la phrase, se reprend : l'interlocuteur a la sensation qu'il cherche, qu'il fouille en lui-même. Mais la parole du méditatif, même si elle est lente, point habile et dépourvue d'éloquence, exprime sa propre pensée, elle n'est pas un acte automatique duquel la conscience est absente, elle est normale, puisqu'elle n'est pas séparée de l'idée ni de la volonté qui la dirigent.

1. Spinoza et Kant parlaient peu.

Non seulement la volubilité n'est pas un signe de l'intelligence, mais, nous le verrons plus loin, la facilité purement mécanique de la parole relève du domaine pathologique. Le langage est normal quand il représente la pensée, quand, dans des proportions normales, il réalise l'unité entre la parole et l'intelligence. Quand l'idée que le mot contient nous échappe, le mot même est vide et n'a pas de raison d'être. Le langage sans pensée est un phénomène morbide.

CHAPITRE III

LA VERBOMANIE
FORME PEU CONNUE DE LA PATHOLOGIE DU LANGAGE

I. — Le langage normal et le langage morbide. — Certaines perturbations du langage apportent au physiologiste et au psychologue de précieuses indications sur les états pathologiques de nos facultés intellectuelles.

II. — La verbomanie, forme peu connue de la pathologie du langage. — Nouveauté et justification du sujet et du terme. — Les termes : polyphrasie, logorrhée, onomatomanie, verbigération s'appliquent uniquement aux troubles du langage d'ordre nettement et exclusivement clinique. — La *verbomanie* s'approprie aux phénomènes qui, tout en ressortant du domaine pathologique, s'observent principalement chez les individus « bien portants », chez ceux qui vivent en société et non dans les asiles d'aliénés, que leur langage anormal n'empêche pas de s'initier aux travaux les plus complexes de la vie commune, et qui sont souvent parmi les individualités dirigeantes.

III. — La verbomanie est une tendance pathologique, d'où la conscience et la volonté ne sont pas toujours bannies, à jongler avec des paroles du sens desquelles on ne se rend pas exactement compte; le caractère principal de cette affection est un irrésistible entraînement à parler et à discourir. — La verbomanie est constituée chez l'individu par l'excès de durée et d'intensité et par le caractère anormal des manifestations verbeuses. — Inutilité de classer les verbomanes par groupes de caractères psychologiques. — Les traits dominants, les principales modalités, l'ensemble morbide de la verbomanie et des verbomanes. — L'association de la verbomanie à des tares morales. — La fabulation constitue la forme essentielle de cette activité affective. — L'illusion ou l'apparence. — L'amour de la contradiction. — L'hypertrophie du jugement. — Les impulsifs. — Il y a des tics de langage comme il y a des tics musculaires. — Observations.

IV. — On observe chez les verbomanes, à des degrés différents, le débordement des passions, l'orgueil, l'agressivité, l'audace, l'absence de scrupules, etc. — Le *trac* est inconnu aux verbomanes. — Quand le timide est verbomane, il l'est par intervalles. — Les menteurs. — Le mensonge et la vérité. — La calomnie, variété de verbomanie intéressante au point de vue social. — Cas de suicides provoqués par la calomnie. — Les faux témoignages relèvent très souvent de la verbomanie. — Les verbomanes sont auto-suggestionnés et influencés par leurs propres paroles.

V. — L'antinomie entre le langage et la manière de vivre des verbomanes. — L'intelligence n'est pas toujours lésée dans la verbomanie qui, assez souvent, est le produit d'une exacerbation des fonctions cérébrales plutôt que de leur abolition. — La verbomanie et le misonéisme, la tendance au moindre effort. — Décidés en paroles, les verbomanes sont des irrésolus et des faibles en action, non par richesse d'idées, mais par abondance de mots. — Le verbomane se rattache à la grande famille neuropathologique.

I

Psychologiquement, le langage normal, dans son ensemble, est la somme ou une partie de la somme des actions perceptibles par les sens extérieurs, que produisent dans notre organisme les phénomènes mentaux[1]. Les plus importantes de ces actions étant

---

1. Whitney (*Ouv. cité*, p. 130) définit ainsi le langage : « L'expression de la pensée humaine ou d'une manière plus large encore, tout ce qui prête un corps à cette pensée, tout ce qui la rend saisissante. » Mais il reconnaît que personne ne saurait donner une définition abstraite du mot *langue*, parce qu'une langue est une grande institution concrète, un corps d'usages qui prévaut dans

celles qui se perçoivent comme mouvements ou comme phénomènes sonores ou visuels (parole, écriture) résultants de mouvements, c'est à elles surtout que s'applique ordinairement le mot langage [1].

Nous donnons le nom de langage normal articulé à l'acte physico-psychique par lequel nos perceptions, nos sensations, nos sentiments, nos pensées se transforment en expressions significatives, en paroles vocales.

Si le langage n'est pas toujours un signe de l'intelligence, il est indéniable que par certains troubles, il traduit l'état affectif et intellectuel de l'esprit humain et les phases infiniment variables, extérieures et intérieures, de son développement si divers chez les peuples et les individus. Les idées erronées de l'illusion, le débordement d'idées de la manie, la lenteur du cours des idées dans la stupeur trouvent en lui leur expression. Si l'homme, suivant les paroles de Ball [2], devenu complètement maître de sa pensée, peut aisément la dissimuler, certaines imperfections, certains troubles du langage, dans l'association morbide des idées, par exemple, se traduisent au dehors par des signes dont l'observation clinique nous apprend à con-

un lieu et dans un temps donné, et tout ce qu'on peut faire, c'est de montrer et de décrire ses usages.

1. Voyez Bourdon, *Expression des émotions et des tendances dans le langage*, p. 22. Thèse, 1892. F. Alcan. — Kussmaul. *Ouv. cité*, p. 38.

2. Préface à l'ouvrage cité de Kussmaul.

naître toute la valeur. Ces perturbations apportent au physiologiste et au psychologue de précieuses indications sur les états pathologiques de nos facultés intellectuelles.

Le langage normal est un processus psychique consistant en une série d'associations qui s'accomplissent avec le concours indispensable de la mémoire, de l'attention et de la volonté. Lorsque le mécanisme psycho-physiologique — l'attention, la mémoire, la volonté — fonctionne normalement, les révélations verbales, traduisant les perceptions et les pensées du sujet, se déroulent normalement ; lorsque la force nerveuse, l'attention, la mémoire, la volonté sont amoindries, les phénomènes verbaux peuvent devenir insensibles, frustes ou inconsciemment abondants. On constate alors des lacunes, des alternances ou des abondances exagérées dans les révélations du langage, dont la forme subit des troubles pathologiques. La tension nerveuse s'exaltant, les révélations psychiques s'exaltent et s'accentuent dans la même proportion, les révélations verbales se manifestent alors d'autant plus vivement que la volonté, affaiblie ou absente, n'intervient pas pour régulariser la phraséologie devenue incessante.

A l'état normal, il existe chez le sujet, entre le fonctionnement du langage, les perceptions et les pensées, une harmonie soumise à des règles. A l'état morbide, l'équilibre est rompu, et le fonctionnement du langage se produit sans l'intervention modificatrice et organisatrice de la volonté.

Tandis que la parole normale est motivée, épisodique, proportionnée au sujet, la parole pathologique se montre non ou insuffisamment motivée, persistante dans sa durée et disproportionnée dans son intensité. Par la durée anormale, par la discordance entre la forme et le sujet, la parole pathologique, devenue franchement étrangère ou nuisible soit à l'auteur, soit à l'interlocuteur, apparaît par là-même morbide.

Le langage est souvent altéré ou troublé de bien des façons et sous des formes très diverses. La littérature sur la pathologie du langage est riche. Déjà Hérodote effleura la question de l'aphasie. Il n'entre pas dans le cadre de ce volume de donner une place à la pathologie générale du langage, nous devons nous borner à l'une de ses formes, la plus ignorée : *la verbomanie.*

II

Tout fait pathologique a pour cause prépondérante l'arrêt de développement ou le développement excessif, exagéré. Le nanisme et le gigantisme sont des anomalies de la croissance du squelette, se traduisant par une taille d'extrême petitesse ou par une taille excessive du sujet, par rapport aux dimensions moyennes des sujets de la race, et entraînant une inharmonie morphologique et fonctionnelle, caractéristique de cet état morbide. Chez les nains comme chez les géants on observe des tares physiques et psychiques, une constitution anatomique déformée[1].

Le développement excessif de la faculté de la parole est, comme le gigantisme, une anomalie par rapport au langage normal. Cette constatation nous semble être personnelle, ainsi que le terme de *verbomanie*.

A notre connaissance, aucune étude n'a été faite sur la question que nous nous proposons de traiter[2].

[1]. Launois et Roy (*Études biologiques sur les géants*, p. 329; Paris, 1904) constatent que chez beaucoup de géants les troubles psychiques se manifestent dans le domaine de la sensibilité bien plus encore que dans celui de l'activité et de l'intelligence proprement dite : fanfarons, au point de se targuer d'une vigueur invraisemblable ou de s'attribuer d'impossibles exploits génésiques, les géants sont menteurs par métier, pour ainsi dire; ils mentiront sur la mesure exacte de leur taille, sur celle de leurs parents, sur leur âge, sur leur histoire, et l'on conçoit la difficulté qu'il y a en certains cas à prendre d'eux une observation authentique.

[2]. Le problème de la verbomanie, vaste et complexe, et qui est encore à ses origines, nous est apparu, pour la première fois, il y a une dizaine d'années et n'a cessé depuis de se présenter à notre esprit. Notre ouvrage, cependant, est loin d'être complet; il ne prétend guère l'être et n'aspire qu'au titre de simple essai, d'esquisse. Loin de poser et de résoudre toutes les questions que soulève le sujet, nous en avons, à dessein, écarté quelques-unes qui par leur nature trop spéciale, d'ordre psycho-social, auraient compliqué la simplicité du plan adopté. Nous nous sommes contenté de tracer un cadre, assez large et aux contours assez nets,

Depuis les travaux de Broca, les tentatives d'interpréter telle ou telle particularité du langage sont
nombreuses, aucune ne soulève le problème de la
verbomanie. Les travaux de psychiatrie et d'anthropologie sont muets sur ce sujet. Les auteurs qui se
sont le plus occupés du langage, soit au point de
vue psychologique, soit au point de vue pathologique,
les neurologistes et les psychiatres qui ont décrit les
nombreux types des maladies nerveuses et mentales,
n'emploient pas le terme de *verbomanie*. Nul dictionnaire ne le relate.

Esquirol [1] avait bien remarqué la *volubilité* extrême
de certains aliénés, des maniaques, par exemple,
qui, pleins de confiance en eux-mêmes, parlent
avec facilité, se font remarquer par l'éclat des
expressions et passent avec la plus grande rapidité
des protestations les plus affectueuses aux injures,
aux menaces ; ils prononcent des mots, des phrases
incohérentes, sans rapport avec leurs idées et leurs
actions ; ils répètent quelquefois pendant des heures
le même mot, la même phrase, le même passage de
musique, sans y attacher le moindre sens.

pour permettre aux faits et recherches ultérieurs d'y prendre
place.

C'est également à dessein que nous nous sommes borné au langage articulé, laissant de côté les lettres et les arts où la verbomanie (qui prendrait ici le nom de *graphomanie*) offrirait un
champ riche et inexploré. Nous comptons, plus tard, consacrer
une étude spéciale à la graphomanie.

1. *Ouv. cité*, t. II, p. 151.

Romberg[1] avait désigné sous le nom d'*Echosprache* une parole imitative. Les malades répètent d'une façon monotone les mots et les phrases prononcés par une personne de leur voisinage, et cela sans aucune attention. Certains aliénistes signalent cette même tendance sous le nom d'*Echolalie*.

Pour Krafft-Ebing[2], l'*accélération de l'élocution*, comme expression d'une plus grande facilité dans le mouvement des pensées et la manifestation de l'idée, se rencontre dans les états d'exaltation psychique et surtout dans les états maniaques. La parole est plus aisée, plus prompte, elle devient même brillante (exaltation maniaque), jusqu'à ce que par la précipitation de plus en plus grande des représentations (course échevelée des idées), par la suppression des anneaux qui les enchaînent, il arrive que des mots détachés et même de simples images de sons soient seuls capables de provoquer encore des réflexes dans le mécanisme du langage.

On trouve l'expression *la manie de la parole* (polyphrasie) chez Kussmaul[3]. Parlant de la disposition de l'esprit et de son influence sur le langage, l'au-

---

1. *Lehrbuch der Nerven Krankheiten*, p. 655, 1851. — *Lehrbuch der Psychiatrie*. Zweite Auflage, Stuttgart, 1883.

2. *Traité de psychiatrie*, p. 123, trad. Laurent, 1897. Krafft-Ebing place le langage pathétique des extatiques et des exaltés (par le débordement des sentiments, par l'excitation et l'exaltation basées sur une excessive confiance en soi-même) parmi les anomalies linguistiques.

3. *Ouv. cité*, p. 55.

teur constate qu'un événement heureux, un grand
jour historique, un bon mot dans un joyeux cercle
d'amis délie les esprits et les langues, nous rend
dispos et propres à discuter, à parler, à prononcer
un toast ; pensées et mots coulent de nous, comme
si elles nous étaient inspirées. Par contre, des événements malheureux, des épreuves déprimantes,
un mot sans tact, des sentiments de désespoir nous
indisposent, arrêtent le vol de la pensée et des
mots. La préparation intellectuelle s'effectue par
recueillement et concentration de l'attention ; nous
sommes dérangés, rendus incapables d'abstraire, par
une sensation ou une idée qui nous importune et nous
trouble, alors nos pensées et nos paroles s'arrêtent ;
nous courons le risque de nous tromper dans des
phrases, mots, syllabes et lettres. Un verre de vin,
une tasse de thé, peuvent nous replacer dans le véritable ton du langage. Ils agissent comme la graisse
sur l'axe d'une roue, pensées, mots volent légère-
ment dans les plus savantes périodes et les tournures les plus audacieuses, alors qu'auparavant,
nous courions peut-être misérablement après l'expression propre. « Quelque chose d'analogue s'observe au début d'une fièvre ou dans les prodromes
de la manie. Il est vrai que la coloration inaccou-
tumée, la vivacité des mots doivent nous frapper,
l'élévation de la voix nous paraître étrange et énig-
matique, aussi longtemps que nous n'avons pas

reconnu la maladie ; mais nous sommes obligés de reconnaître la correction et souvent même la supériorité des idées émises et de la forme. Avec le progrès de la maladie se produit une fuite désordonnée d'idées et d'images, *la manie de la parole* (polyphrasie) et chez les esprits d'un ordre inférieur et trivial la *loquacité* (logorrhée). »

Le mot *onomatomanie*, impulsion à répéter un mot[1], terme employé par Charcot, Magnan, Legrand[2], « mot trop vague », selon l'expression de Janet[3], désigne un trouble quelconque, relatif aux mots, une obsession, une manie de recherches.

Pitres[4], dans la description des troubles du langage de nature particulière, désigne sous le nom d'*aphasie amnésique* ou d'*évocation* l'oubli de certains mots : « Les malades qui en sont atteints ne sont pas absolument privés de la parole ; *souvent même ils parlent beaucoup...* Mais de temps en temps, les mots qu'ils voudraient employer, pour exprimer leurs pensées, leur échappent et ils sont obligés de s'arrêter ou d'avoir recours à des périphrases. »

---

1. L'obsession n'est pas toujours représentée par un seul mot, survenu spontanément ou recueilli dans le cours d'une lecture ou d'une conversation, elle comprend parfois plusieurs mots, une phrase traduisant une idée déterminée. (Charcot et Magnan, *De l'onomatomanie*, p. 12, Paris, 1893.)

2. *Du délire chez les dégénérés*, p. 85, Paris, 1886.

3. *Obsessions et Psychasthénie*, t. I, p. 134, Paris, F. Alcan, 1903.

4. *Aphasie amnésique et ses variétés cliniques*, in *Progrès Médical*, 1898.

Là se borne la contribution, plutôt indirecte, des auteurs cités au problème posé : ils l'effleurent sans s'y arrêter. Certains emploient le mot *verbigération*, tendance incessante, pathologique à répéter le même mot ou la même phrase.

Tous les termes que nous venons d'énumérer s'appliquent uniquement aux troubles du langage d'ordre exclusivement et nettement clinique. Nous leur préférons la *verbomanie*, le mot nous semble être mieux approprié au gigantisme du langage qui, tout en relevant des phénomènes pathologiques, s'observe principalement chez les individus « bien portants », s'il nous est permis de nous exprimer ainsi, chez ceux qui vivent en société, que leur langage anormal[1] n'empêche pas de vivre de la vie commune, de s'initier aux travaux les plus complexes, de tenir leur rang dans le monde aussi bien que quiconque, sinon avec avantage, qui sont souvent parmi les individualités dirigeantes et dont l'influence désastreuse retentit profondément sur la vie sociale.

III

La verbomanie n'est pas une entité exclusivement clinique, elle se prête mal à une étude objective;

---

1. Nous donnons au terme d'*anormal* son sens médical : est anormal tout sujet qui se sépare assez nettement de la moyenne pour constituer une anomalie pathologique.

elle se manifeste par trop d'effets, complexes et contraires. C'est une affection dont le caractère principal est un entraînement irrésistible à parler et à discourir. C'est une tendance pathologique, d'où la conscience et la volonté ne sont pas toujours bannies, à jongler avec des paroles du sens desquelles on ne se rend pas exactement compte ; une tendance constitutionnelle qui pousse certaines catégories d'individus — dont le nombre augmente de plus en plus — à parler, à créer, en paroles, des situations dépourvues de réalité objective ou dont ils n'ont que des notions vagues, empruntées, jamais personnelles, souvent pas même bien assimilées. La verbomanie est constituée chez l'individu, par l'excès de durée et d'intensité et par le caractère anormal des manifestations verbeuses. Sont verbomanes les sujets constitutionnellement enclins à bâtir, à construire, en paroles, des fictions, souvent sous forme véridique.

Nous ne chercherons pas à diviser les verbomanes par groupes de caractères psychologiques, ni à définir l'étiquette plus ou moins exacte à apposer sur telle ou telle catégorie de verbomanes, ni à classer ces derniers d'après leurs innombrables modalités[1] : la verbomanie du prêtre, celle du politicien, du professeur, du littérateur, du savant, de

---

1. Nous reviendrons sur ce point dans les chapitres vi et viii.

l'avocat, de l'homme du monde, diffèrent les unes
des autres, mais leurs différences proviennent des
fins auxquelles elles correspondent.

Il est impossible et inutile de placer une limite
tranchée entre chaque catégorie de verbomanes et
même, dans certains cas, entre le verbomane et le
parleur normal ; la ligne de démarcation est parfois
indécise et le diagnostic différentiel difficile : il y a
entre eux les mêmes et aussi imprécises frontières
qu'entre l'état sain et l'état morbide. Le type
humain normal, unique, aux caractères nettement
tranchés n'existant pas, qui nous dira avec exactitude scientifique où commence la maladie et où
finit la santé, où commence le caractère anormal et
en quoi consiste l'état normal de tel ou tel phénomène ? L'équilibre est rarement parfait et la balance
penche tantôt d'un côté, tantôt d'un autre dans la
vie mentale. Nous ne pouvons nous diriger, dans
cette voie, que par tâtonnements.

La verbomanie est une anomalie à degrés si
variables qu'il est impossible d'en tracer tous les
types. Que de nuances entre le timide qui, dans les
moments d'excitation, suivant la suggestion extérieure ou l'auto-suggestion, débite d'un seul coup ce
qui s'est emmagasiné en lui, et le maniaque, l'hystérique, le verbomane d'habitude, le verbomane
par impulsion émotionnelle, le verbomane par
obsession, celui qui est simplement tourmenté du

besoin de se mettre en évidence, d'attirer l'attention sur lui, de jouer un rôle, le verbomane calomniateur, celui qui prêche, celui qui enseigne, le verbomane conducteur des foules et des peuples !

Nous nous proposons, dans ce chapitre, d'esquisser seulement les traits dominants, les principales modalités, l'ensemble morbide de la verbomanie et des verbomanes.

Ce qui caractérise essentiellement la verbomanie, c'est l'association de cette activité affective à des tares morales qui inspirent les actes et dirigent la conduite des verbomanes et donnent ainsi à cette impulsion une gravité sociale. Nous pouvons appliquer à la verbomanie les paroles du Dr Dupré sur la mythomanie[1]. Au lieu de se manifester ainsi que chez l'homme normal, comme une espèce de sport imaginatif et sous la forme innocente du jeu spontané d'énergies psychiques exubérantes, l'activité verbomanique est mise, chez des sujets anormaux, au service de tendances vicieuses, de perversions sociales ou d'appétits morbides ; elle se manifeste ainsi comme un mode particulier d'activité intellectuelle, dirigé par des sentiments pathologiques et représente alors, non plus un instrument de jeu, mais bien souvent, une arme de guerre, d'autant plus dangereuse que le malade est plus intelligent.

1. *La mythomanie.* Ouverture du cours de Psychiatrie médico-légale, 1905.

La fabulation constitue la forme essentielle de la verbomanie. Il faut entendre par fabulation l'invention souvent spontanée de sentiments, d'idées qu'on n'éprouve pas, qu'on n'a pas, de récits faux.

Le verbomane est une sorte de maniaque de la parole. De même que les pensées se présentent en foule à son esprit, se pressent, se poussent pêle-mêle, — les mots, les phrases s'échappent de ses lèvres, avec une volubilité extrême. Il édifie, le plus souvent sans solidité, un monument dont les matériaux sont fragiles et presque toujours empruntés à la suggestion de l'actualité, de propos entendus ou lus. Il narre l'histoire empruntée des événements vrais ou des récits imaginaires avec la même assurance et souvent avec la même sincérité, une assurance, une sincérité et une conformité logique apparente telles qu'il capte l'attention de l'auditoire qui, convaincu, se laisse subjuguer. La confiance qu'on lui témoigne, le succès qu'il obtient, encouragent le verbomane; et l'aplomb, l'à-propos et la fertilité inventive du narrateur se multiplient par l'intérêt qu'il développe autour de lui. Ses raisonnements, ses démonstrations verbales séduisent souvent par leur forme, mais pèchent toujours par quelque endroit et s'écrouleraient facilement au premier effort de l'analyse, si les auditeurs en avaient l'habitude ou la possibilité psychologique.

Les verbomanes sont remarquables par leurs

fausses sensations, par leurs illusions et par la vicieuse association de leurs idées, qui se reproduisent souvent sans liaison entre elles, avec une très grande rapidité. La verbomanie repose sur une illusion ou une apparence, et si cette illusion agit, influence les ignorants, souvent même les hommes intelligents, c'est qu'elle paraît conforme à une force vivante, réelle.

Suivant le fonds intellectuel du verbomane, ses idées sont puériles, absurdes, ou bien elles sont originales, séduisantes au premier coup d'œil. Il peut arriver que les personnes dénuées de jugement prennent le verbomane pour un grand talent, une individualité, de même qu'on prend souvent les vrais génies pour des fous.

Les verbomanes ne s'embarrassent pas de principes, ne se laissent pas discuter. Animés du sentiment de contradiction, ils combattent toujours la thèse soutenue en leur présence, ce qui souvent les amène à nier les faits les plus évidents. Leurs discours et leurs actes ne révèlent leur anomalie qu'aux initiés, très rares. L'absence de sens critique, les lacunes et même l'hypertrophie de leurs jugements ne leur permettent pas de percevoir leurs propres contradictions. Car non seulement certains verbomanes ont l'habitude de contredire leurs interlocuteurs, fussent-ils de leur avis, mais ils sont irrésistiblement poussés à se contredire eux-mêmes, à dire tout le contraire de ce qu'ils eussent voulu dire. Dans leurs discours les plus incohérents on trouve un principe de coordination, purement verbal.

La grande majorité des verbomanes sont des impulsifs. Il y a des impulsions de la parole comme il y a des impulsions de la marche[1]. Qui n'a pas rencontré dans sa vie un impulsif de la parole, un de ces beaux diseurs qui longuement, indéfiniment déverse des flots de paroles, malgré le vide qui se fait autour de lui, jusqu'au moment où quelqu'un, par pitié ou par intérêt, interrompt sa narration ? Les verbomanes d'impulsion narrative sont spontanément poussés à raconter, à narrer, ils se soulagent ainsi du prurit verbeux qui les tourmente et dans un torrent de paroles, ils l'extériorisent, comme un tic.

Le tic impulsif de langage persiste chez l'homme le plus cultivé et le plus maître de lui. Il se traduit, généralement, par des expressions stéréotypées.

A..., professeur de lycée, emploie vingt fois par jour la phrase : « Cela se trouve chez Aristote. » On

---

1. Grasset (*Demi-fous et demi-responsables*, p. 59, Paris, F. Alcan, 1907) cite un cas curieux d'un impulsif de la marche. Un homme traversait Paris, marchant droit devant lui. Il était recouvert d'une épaisse couche de poussière. Tout à coup un flacre arrive au grand trot et manque d'écraser le piéton. Un agent se précipite. L'homme se réveille. Il interroge : Où suis-je? — A Paris, répond-on. Le malheureux n'en revenait pas. Atteint de la volonté de marcher, il était, sans le savoir, venu de l'extrémité des pays méridionaux, traversant la France à pied, allant devant lui jusqu'à la capitale. L'accident dont il faillit être victime avait seul interrompu sa course.

peut lui parler de n'importe quel sujet, il vous
répond invariablement et sérieusement : « Cela
se trouve chez Aristote » ou « Aristote l'a dit. »

B..., bourgeoise se croyant mondaine, vous sert
dans tous ses propos : « État d'âme. » Qu'il s'agisse
d'une œuvre d'art qu'elle est dans l'impossibilité de
comprendre, d'un livre ou d'un potage, elle peut
parfaitement vous dire : « Quel état d'âme ! »

C..., littérateur, répète à chaque instant, à tort et à
travers : « Nous sommes à l'époque des recherches
précises, des travaux de laboratoire. »

D..., homme politique russe, aime l'expression :
En Europe... « En Europe cela se passe autrement...
En Europe, ceci, en Europe cela... »

E..., professeur à l'Université de Berlin, se sert
maintes fois, dans la conversation, qu'il parle avec
un compatriote ou avec un étranger, de l'expression : *Chez nous, en Allemagne...*

F..., homme politique français, ne peut pas parler
pendant dix minutes, sans dire : *La République a
déjà beaucoup fait...*

G... et H... affectionnent le mot *particulièrement ;*
I..., le mot *audace...*

K..., architecte de talent, emploie, à tout propos,
dans la conversation la plus banale, le mot *synthèse :*
la synthèse de la vie, la synthèse de l'art, la synthèse de l'homme, etc. Un jour, on lui demande
quel sens il donne à ce mot. Après réflexion, il

répond textuellement : « Pour moi le mot *synthèse* est synonyme du mot *but*. »

Combien de personnes entre mille seraient capables de définir ou d'indiquer simplement le vrai sens des mots qu'elles prononcent journellement ?

IV

On observe chez les verbomanes, à des degrés différents, le débordement des passions, les entraînements religieux ou politiques, l'hypertrophie de l'orgueil, l'égoïsme, l'intolérance, la vanité, l'envie, le besoin de se mettre sur un piédestal et d'autres sentiments morbides. Le besoin de haïr répond chez eux à celui de parler. Même dans leurs témoignages d'admiration, il se cache une parcelle de haine pour quelqu'un ou quelque chose, un homme, un parti, un régime. Ils ignorent la modestie, la modération, le doute et la défiance de soi. Aucune tendance à l'auto-analyse, au repliement de la conscience sur elle-même.

Enfiévrés des ambitions les plus folles, saturés d'arrivisme, les verbomanes sont persuadés que la nature ne les a pas pétris du même limon que le commun des hommes et qu'on leur doit des égards proportionnés à leur volubilité. L'illusion de leur toute-puissance les rend susceptibles à l'excès et leur

fait perdre le sentiment de la mesure dans les affirmations. Sur le front de beaucoup d'entre eux, on
croirait lire : *il n'y a que moi*[1]. Aucune réalité ne
détruit leur illusion. Nulle tendance au scrupule,
nulle peur de ridicule, nulle pudeur de sentiments ;
de l'agressivité, non pas de la hardiesse, mais de
l'audace. Ils ignorent le trac, cette « émotion poi-
gnante, que la volonté la plus forte ne dompte point,
dont la raison ne peut se rendre maîtresse, et dont
on ne se défait jamais[2] », cette terrible crainte qui
paralyse souvent ceux qui ont vraiment quelque
chose à dire, qui savent ce qu'ils veulent et qui ont
parfaitement conscience des paroles qu'ils ont à
prononcer.

Il y a peu de timides parmi les verbomanes, la
timidité, selon la définition de Dugas[3], étant une
défiance de soi et des autres qui vient de l'incapacité de se faire connaître, au moins entièrement. Le
timide est gêné par cette incapacité trop vivement
sentie, il ne sait pas s'imposer aux autres, les façonner, les suggestionner, il ne peut ni forcer ou obtenir
la sympathie des autres, ni sympathiser avec eux.
Il est donc condamné à l'isolement moral ; il se réfu-
gie en lui-même et vit dans ses pensées. Il ne
s'extériorise pas, il aime l'asile impénétrable de son

1. Voy. chap. vi.
2. Dugas, *la Timidité*, p. 30, Paris, F. Alcan, 1898.
3. *Ibid.*, p. 18.

moi que rien ne peut violer ; il est fier d'être entièrement lui-même et jaloux de le rester.

Quand le timide est verbomane, il l'est par intervalles. Dès que le timide arrive à forcer l'attention,
dès qu'il s'aperçoit qu'il peut parler, qu'on l'écoute,
il étouffe, pour ainsi dire, sa timidité et ose parler.
Suivant l'observation de Dugas [1], la timidité est inséparable des mouvements qui l'accompagnent, et qui
en deviennent les signes extérieurs... La timidité se
fait peur à elle-même ; elle craint surtout de se montrer aux yeux des autres ; elle se retient d'être et de
paraître. Les mouvements par lesquels elle est produite et s'exprime seront donc ressaisis, arrêtés au
passage : de là l'attitude raide et guindée du timide,
sa sobriété ou son absence de gestes, sa voix
blanche. Mais il y a deux manières de ralentir ou
de suspendre un mouvement : l'une, directe, consistant à agir sur le muscle qui le produit, l'autre,
indirecte, consistant à agir sur les muscles antagonistes. Il suit de là que la timidité suscitera parfois
des mouvements contraires à ceux qu'elle produirait naturellement. Ainsi le timide, remarque avec
raison Dugas, au lieu de rester muet, immobile,
parlera beaucoup et très haut, se démènera, fera
beaucoup de gestes : il exprimera, ou s'efforcera
d'exprimer les sentiments qui lui manquent, l'audace, la confiance.

1. *Ouv. cité*, p. 42.

Quand le timide est verbomane, il l'est donc par accès et par intervalles, sa verbomanie est spontanée, comme sont spontanés les mensonges qu'il débite.

Les verbomanes sont des menteurs; le mensonge et la simulation tiennent une place considérable dans la verbomanie. Le mensonge, suivant Paulhan [1], peut caractériser deux états d'esprit absolument opposés : l'état d'esprit de l'homme qui ayant un résultat à atteindre, y marche par tous les moyens et combine puissamment les vérités et les fictions, et aussi celui de l'homme sans consistance, qui lâche tout ce qui lui passe par la tête, sans penser à la vérité, à la fausseté ou aux conséquences de ce qu'il dit. Dans le premier cas, le mensonge est le produit d'un caractère très fortement organisé, dans le second, il est un symptôme d'incohérence. Il y a des verbomanes qui appartiennent à la première catégorie, mais la grande majorité fait partie de la seconde. Ils exagèrent sans motif, soit avec indifférence, soit avec un simulacre de passion. Ce sont des menteurs d'ordre particulier, ils mentent souvent sans but, presque involontairement, même contre leur propre intérêt. Ce sont des hystériques du mensonge. Il est aujourd'hui admis comme axiome que les hystériques et les personnes du même genre mentent continuellement. P. Janet [2]

1. *Les caractères*, p. 5, 2° éd., Paris, F. Alcan, 1902.

2. *L'automatisme psychologique*, p. 216. Paris, F. Alcan.

croit cependant qu'elles ne mentent pas beaucoup
plus que le commun des mortels. Beaucoup de psy-
chologues « qui raisonnaient plus qu'ils n'obser-
vaient », ont soutenu que la véracité, l'habitude
d'aimer et de dire la vérité, était une chose naturelle à l'homme qui se retrouvait constamment,
lorsque l'esprit humain était observé dans toute sa
candeur primitive, chez l'enfant et chez le sauvage.
Janet ne parle pas du sauvage « qu'il ne connaît
pas », mais il a remarqué que les enfants, à moins
d'être de petits prodiges, sont loin de dire toujours
scrupuleusement la vérité, qu'ils embellissent leurs
récits, et qu'ils savent mentir aussitôt qu'ils savent
parler. Le fait lui semble d'ailleurs tout naturel et
tout simple. L'idée de la vérité est en réalité une
idée fort abstraite, le résultat d'une série de jugements complexes que l'on ne fait pas en venant au
monde[1]. « Je crois même, dit Janet, que l'on n'a
bien l'idée de la vérité et de son importance que du
jour où l'on s'est intéressé aux sciences. L'esprit de

---

1. Paulhan prétend que rien n'est sincère en nous ou que rien,
du moins, n'y est tout à fait sincère. Il n'est pas un de nos sentiments que nous puissions manifester sans hypocrisie ou sans res-
triction, pas une de nos croyances que nous puissions affirmer
sans quelques réserves ou sans mensonge plus ou moins conscient.
Il n'est aucune partie de notre être qui ne soit discutée, combat-
tue, niée par une autre, aucune que quelque opposition extérieure ne fausse ou n'empêche de se traduire pleinement. Toutes
ces luttes, ces erreurs, ces simulations ou dissimulations, l'homme
ne sait pas toujours les apercevoir, mais instinctivement ou volontairement il sait, en bien des cas, les utiliser. (*Les mensonges du
caractère*, p. 1, Paris, F. Alcan, 1905.)

vérité et l'esprit scientifique sont deux choses ana-
logues, et celui qui ne comprend pas l'intérêt qu'il
y a à savoir ce qui est ne sent pas l'importance qu'il
y a à dire ce qui est. Aussi, tout esprit rudimentaire, qui fait peu de rapports abstraits, ne dirige
pas ses paroles par l'idée abstraite de la vérité, mais
les dirige par les images dominantes dans son
esprit. »

L'esprit scientifique étant étranger aux verbomanes, ils dissimulent, souvent sans but déterminé,
leur vraie nature et cherchent à paraître ce qu'ils ne
sont pas. Ils prêtent aussi aux autres hommes des
faits et des attributs que ceux-ci ne possèdent pas ;
tantôt ils exagèrent la valeur d'un homme ou d'un
objet, tantôt ils inventent des faits, des êtres, des
événements dont ils ont besoin pour leur fabulation.

Une variété de verbomanie, excessivement intéressante au point de vue social, est celle de la *calomnie*. La calomnie est impulsive, faite sous l'influence
d'un *raptus* soudain ou volontaire. Dans le premier
cas, elle est faite sans aucune utilité, par simples
tendances verbeuses à créer des fables imaginaires.
Dans le second cas, elle est intéressée, réfléchie, son
but est d'altérer la vérité. Simple malice parfois, la
calomnie va souvent jusqu'à la férocité la plus
acharnée[1].

1. L'esprit critique, qui n'est jamais très développé dans la multitude, a complètement disparu : les calomnies se propagent avec

La calomnie détruit, au détriment de celui qui en est la victime, l'unité entre la vraie valeur morale d'un individu et l'opinion qu'ont de lui d'autres hommes. Les verbomanes calomniateurs répandent des propos mensongers sur des personnes qu'ils connaissent, qu'ils connaissent à peine ou qu'ils ne connaissent point. Nul des plus intimes amis, les morts mêmes ne sont pas épargnés. Plus on est confiant, plus on est vrai et sincère, plus on est certain d'être victime de ces féroces machinations [1]. Les suicides provoqués par la calomnie ne sont pas rares [2].

aisance, les faux témoins inconscients abondent; il n'y a plus de place pour la distinction entre la vérité et le mensonge, les données les plus contradictoires sont admises successivement et la foule exige que tous les esprits les admettent avec la même aisance qu'elle. Les grands calomniateurs, les grands faussaires ou falsificateurs sont d'ordinaire soutenus par la faveur populaire, excités par une portion de la foule ou bien encouragés à commettre leurs odieux mensonges par l'assurance du succès auprès de la multitude. (Duprat. *Le mensonge*, p. 95; Paris, F. Alcan, 1903.)

En septembre 1789, à Troyes, quelqu'un répand le bruit que Huez, le maire, est un accapareur, qu'il veut faire manger du foin au peuple. Huez est un homme connu pour sa bonté et son amour du peuple, il a rendu de grands services à la ville. N'importe. Le peuple crie : « A bas Huez! Mort au maire ! » Huez est renversé, meurtri, frappé à la tête d'un coup de sabot. Une femme se jette sur le vieillard terrassé, lui foule la figure avec les pieds, lui enfonce des ciseaux dans les yeux à plusieurs reprises. Il est traîné, la corde au cou, jusqu'au pont, lancé dans le gué voisin, puis retiré, traîné de nouveau par les rues dans les ruisseaux, avec un morceau de foin dans la bouche. (Taine. *La Révolution*, t. I, p. 88.)

1. D'après un proverbe oriental, les mauvaises herbes ne poussent qu'autour des habitations des honnêtes gens.

2. En décembre 1911, un professeur à l'Université de Prague, Pic, s'est donné la mort à la suite d'une calomnie qui tournait en dérision ses travaux de savant. — Depuis la fameuse affaire Azev,

Il y a parmi les calomniateurs-verbomanes de simples vantards, des fanfarons, qui veulent seulement éblouir et ne cherchent pas à nuire. La niaiserie de leur phraséologie leur enlève l'intérêt qui s'attache aux vrais virtuoses de la verbomanie. Le désir de paraître renseigné et de capter l'attention pousse le verbomane à tromper, à dissimuler, à calomnier. Les faux témoignages relèvent très souvent de la verbomanie.

Les verbomanes sont auto-suggestionnés et influencés par leurs propres paroles, ils finissent par croire à la réalité de leurs calomnies et subissent eux-mêmes la poussée irrésistible de leurs mensonges. On voit des hommes devenir cyniques après avoir acquis l'habitude de parler cyniquement pour produire de l'effet.

V

L'un des traits caractéristiques des verbomanes est l'antinomie qui existe entre leurs paroles et leur manière de vivre, antinomie bien compréhensible.

traître abject qui s'était affilié à un parti politique dans le seul but de le trahir, on constate des suicides parmi les jeunes Russes, victimes de quelque calomnie. Ce sont des timides et des simples, ils ignorent les paroles de Denys Caton :

> *Quum recte vivas, ne cures verba malorum*
> *Arbitrii non est nostri quid quisque loquatur.*

(Si votre vie est pure, méprisez les méchants : il ne dépend pas de nous de faire taire le monde.)

Parler, pour les verbomanes, c'est agir. Parler très
haut, se frapper la poitrine, c'est tout ce que leur
conscience exige d'eux. Si le vide réel de leurs formules et l'écart qui sépare leurs affirmations verbeuses de leur manière de vivre ne leur échappent
pas, ils ne trouvent pas nécessaire de le montrer.

Ce sont généralement des optimistes ; leur opti-
misme n'est point une conception philosophique de
la vie, mais une opinion sur les moyens de vivre.
Leur esprit fermé à l'analyse leur épargne les souf-
frances du doute et leur donne la confiance en soi.
Certains prennent des allures de certitude.

Les sensations subjectives du verbomane sont
nulles, les idées qu'il exprime ne naissent pas dans
son cerveau, mais il multiplie et féconde, en paroles,
à un tel point l'idée d'autrui, qu'il en devient l'auteur
et le maître, pendant qu'il parle. Comme l'écrivain
vulgarisateur, il adopte le sens d'une idée soigneusement choisie ou prise au hasard, rejette le texte, ne
garde que le fait de signification et l'enveloppe dans
un flot des mots qu'il a toujours à sa disposition.
Très souvent, un mot, une phrase glissée, pour ainsi
dire, inconsciemment, l'amène à modifier totalement
l'idée.

Les paroles mêmes ne s'imposent au verbomane
que pour un temps, elles cherchent à faire disparaître
les paroles qui ont eu leur moment de faveur; il
arrive que le verbomane ne s'aperçoit pas de ce

changement. Comme ses pensées, ses paroles ne sont pas toujours consciemment enracinées dans son cerveau et elles n'y laissent, souvent, pas de trace très longue de leur passage. Elles peuvent disparaître à jamais ou revenir et se manifester mécaniquement.

Beaucoup de verbomanes sont d'une force rare dans la discussion, ont le don de la réplique et sont capables de désarçonner les logiciens les plus solides. Leurs controverses sont souvent spirituelles, mais cet esprit consiste plutôt dans le jeu des mots que dans la profondeur des idées. Il y a parmi les verbomanes de véritables artistes, des virtuoses qui subordonnent leurs conceptions et leurs devoirs à la magie de la parole dont ils tirent des effets triomphants. Il y a parmi eux des hommes supérieurs, au point de vue social. Dans la verbomanie, comme dans la monomanie raisonnante [1], l'intelligence n'est pas toujours lésée, mais le verbomane le plus intelligent est frappé par un côté des questions et est incapable d'embrasser la complexité des phénomènes, il exagère certains aspects de la réalité et en amoindrit d'autres : sa faculté critique est abolie; cependant, assez souvent, la verbomanie est le produit d'une exacerbation des fonctions cérébrales plutôt que de

---

1. Dans la *manie* raisonnante, les malades parlent beaucoup et avec vivacité. Par leur maintien, par leurs discours, ces malades en imposent aux personnes qui les connaissent peu, tant ils savent se contenir et dissimuler.

leur abolition. La coexistence chez les mêmes sujets de la verbomanie et de la supériorité apparente — au point de vue social — est très fréquente. Les individualités dirigeantes que nos sociétés contemporaines mettent en relief sont, généralement, des verbomanes.

Le mécanisme et les effets de la verbomanie décident de ses inconvénients. A l'abri du doute, avec une prodigalité insoucieuse, cette affection masque la vérité et projette, pour ainsi dire, la fausseté. Les verbomanes sont des esprits faux. Paulhan[1] rattache aux « esprits faux » les raisonneurs médiocres et obstinés qui n'inventent guère de doctrine, mais qui aiment à se donner l'apparence de l'enchaînement rigoureux des idées. Ce sont des faux logiciens ou des spécialistes illogiques. Les généralisateurs intempérants se rattachent au même type. « Les idées chez eux sont comme un ballon qui se gonfle dans une atmosphère raréfiée et remplit tout. »

La paresse naturelle empêche les verbomanes d'analyser, de disséquer, de vérifier les idées et les « vérités » qu'ils énoncent. La verbomanie est très souvent le signe d'une paresse intellectuelle et volitive. Le misonéisme, — l'inertie mentale, la loi du moindre effort, la disposition de l'esprit résultant

---

1. *Esprits logiques et esprits faux*, p. 276; Paris, 1896, F. Alcan.

d'une répugnance à l'effort, — est très développé chez les verbomanes.

La faiblesse cérébrale se traduit par une activité profonde de toutes les fonctions psychiques ; l'attention ne peut ni se concentrer, ni se maintenir, ni agir, à cause de la fatigue, de l'épuisement rapide. Il y a fuite de l'effort même pour le plaisir. Outre la disposition générale à l'inaction, il y a les paresses partielles. Ribot [1] les appelle les *diminutives*. La tendance au moindre effort peut s'affirmer dans une seule direction : pour les exercices physiques, pour les études, pour un métier sans attrait, pour la forme du parasitisme social, etc. La tendance au moindre effort du verbomane se manifeste dans son inertie mentale, dans sa paresse de penser, dans son acceptation des idées, des phrases toutes faites, dans sa répugnance insurmontable pour l'attention volontaire, dans l'affaiblissement de sa volonté de combiner, intellectuellement, par son propre cerveau, de lutter contre les paroles qui s'expriment, pour ainsi dire, automatiquement. Il s'agit bien de paresse d'esprit, car la verbomanie ignore la loi d'économie, cette nécessité imposée par la nature humaine et profitable à l'individu et à la société. Ribot [2] a parfaitement démontré qu'il ne faut pas

---

1. *Le moindre effort en psychologie*, in *Revue philosophique*, octobre, 1910.

2. *Ib.*

confondre la tendance à la paresse et la tendance à l'économie. La tendance à la paresse amène des résultats négatifs, la loi d'économie est un moyen pour simplifier le travail et ses résultats sont positifs. Le verbomane ne cherche pas à économiser sa pensée : la paresse l'empêche de penser. Il ne cherche pas à économiser ses paroles et son système nerveux. Il parle pendant des heures et tombe épuisé, physiquement, incapable de prononcer un mot, car la verbomanie amène l'immodération en tout, elle conduit d'un pôle extrême à un autre, de l'excitation à la dépression.

Le misonéisme des verbomanes s'explique facilement par le rôle de l'automatisme dans la verbomanie et par l'atrophie de la volonté qui est l'un des signes les plus caractéristiques de cette anomalie psychique.

Atteint de débilité ou de faiblesse au point de vue de la volonté[1], le verbomane est rarement, on peut dire jamais, un actif, un organisateur : un arrêt s'interpose chez lui entre le langage et l'action.

C'est l'idée et non la parole qui peut être traduite

---

1. Nous n'envisageons pas, bien entendu, la volonté et l'action dans un sens exclusivement pratique. Kant qui passa sa vie à chercher les fondements de la morale, tout en faisant chaque jour, à la même heure, sa promenade sous les arbres de Kœnigsberg, sans parler à personne, ne manquait pas de volonté : elle s'exprimait dans son œuvre.

en acte. La parole n'est qu'une voie par laquelle l'idée est transmise à ceux qui sont susceptibles de la réaliser ou de la faire réaliser. Quand la parole se substitue à l'idée, quand la parole n'est pas la traduction fidèle de l'idée, celle-ci n'aspire pas à se réaliser et ne se transforme pas en acte. « En effet, remarque Dugas[1], ceux qui parlent n'agissent point, ou font plus de bruit que de besogne, et inversement ceux qui agissent ne se répandent point en paroles. Si nous supposons que la force d'une idée est constante, ce que cette idée perdra en pouvoir efficace, elle devra le gagner en valeur expressive. Plus on conçoit les choses sous la forme pratique, plus on en parle — s'il arrive d'en parler — d'une façon sobre, d'un ton uni, sans vanterie ni emphase. Plus au contraire, on se place au point de vue de l'orateur, c'est-à-dire de l'homme dispensé d'agir, plus, d'autre part, l'idée qu'on se forme des choses est chimérique, vaine ou de pure théorie, plus le geste s'élargit, plus la voix s'élève, devient chaude, vibrante. Le geste, la parole sont donc l'équivalent mécanique de l'acte proprement dit. Ils en sont aussi, pour ainsi dire, l'équivalent psychique : ils sont pris, par une illusion imaginative, pour cet acte lui-même. Pour le commun des hommes, la tirade éloquente, le beau geste, le panache se confondent

---

1. L'absolu, forme pathologique et normale des sentiments, p. 41 et suiv.; Paris, F. Alcan, 1904.

avec l'action héroïque ; pour les apologistes fougueux ou raffinés du verbe, ils s'en distinguent, mais c'est le geste ou la parole qui l'emporte sur l'action. »

Décidés en paroles, les verbomanes sont des irrésolus et des faibles en action, des irrésolus non par richesse d'idées, mais par abondance de mots. En résumé, ce sont des déséquilibrés, souvent avec conscience ; la raison chez eux n'est pas forcément altérée, mais la volonté est toujours abolie ou du moins affaiblie. Et par là, sans être des aliénés proprement dits, ils se rattachent à la grande famille neuro-pathologique.

CHAPITRE IV

LA FORMATION ET LES CAUSES DE LA VERBOMANIE

I. — L'étiologie. — Émanation d'un individu vivant en société, la verbomanie se ressent à la fois, dans ses caractères distinctifs, et de l'individu et de la société. — De toutes les causes de cette activité morbide et des circonstances dans lesquelles elle naît et se développe, trois facteurs attirent particulièrement l'attention : la famille, l'école, la vie sociale. — L'hérédité. — La verbomanie est une tare plutôt acquise. — La psychologie de l'enfant. — Comment les enfants apprennent à parler. — Le danger de parler aux enfants des choses que leur entendement ne peut encore embrasser, et de leur apprendre à jongler avec des mots dont le sens leur échappe. — La naissance et l'évolution de la volubilité chez l'enfant.

II. — 1. C'est au sein de la famille que nous trouvons les premiers germes de la verbomanie. — Les parents qui donnent à leurs enfants des leçons d'équilibre et d'harmonie sont rares et plus rares encore ceux qui comprennent la nécessité d'expliquer aux enfants le sens des mots. — Le verbomane est débiteur de ses parents et de ses maîtres. — 2. Dans tous les pays la phraséologie est la base de l'enseignement. — L'enseignement oral est inévitablement incomplet. — L'étude des faits, l'expérience sont supérieures au livre, mais le livre est supérieur à la leçon verbale. — Le principal, c'est d'avoir une méthode de travail. — Nulle part l'enseignement n'a pour mission de dépister en temps voulu les symptômes menaçants de la verbomanie, nulle part on n'enseigne le sens et la valeur des mots. — La sémantique. — La psychologie du langage et les programmes universitaires. — La verbomanie chez les jeunes gens.

III. — Le recrutement des professeurs. — Les non-valeurs dans les universités. — Le prestige et la sincérité dans l'enseigne-

ment. — Le vrai savoir est intransmissible. — Seule se transmet
la parole, non l'acte de penser. — La transmission purement
verbale d'un savoir, au lieu d'infuser des énergies aux auditeurs, les habitue à l'incapacité intellectuelle et à la phraséologie.

I

Nous ne disserterons pas sur l'étiologie de la verbomanie, sur toutes ses causes, sa nature, son
siège, sa formation, ses limites, son évolution. Nous
ne chercherons pas à torturer les faits pour y trouver
des arguments en faveur d'une thèse *a priori;* nous
nous garderons des idées préconçues qui exposent
à dénaturer les faits pour les loger dans un cadre
préparé à l'avance.

Existe-t-il chez l'homme une constitution spéciale,
c'est-à-dire un ensemble de traits généraux impri-
mant à l'individu le cachet d'une prédestination
fatale à la verbomanie? A cette question nettement
posée on peut répondre catégoriquement qu'un tel
ensemble physique n'existe pas. L'homme n'est pas
prédestiné, mais prédisposé à la verbomanie.
L'homme possède des facultés d'imitation, de répétition, de suggestibilité et des tendances à l'automatisme. Ces facultés et ces tendances associées à la
toxicité de la phraséologie sociale créent et favorisent la verbomanie. Émanation d'un individu vivant
en société, la verbomanie se ressent à la fois, dans
ses caractères distinctifs, et de cet individu et de

cette société. Le facteur social est, cependant, prépondérant.

L'étiologie de la verbomanie ne se présente pas comme un tout bien limité, ses causes dépendent de circonstances nombreuses dont nous indiquerons les principales. Nous aborderons cette question délicate avec toute la prudence et la réserve dont on aurait tort de se départir en pareille occurrence. Il nous paraîtrait prématuré, dans l'état actuel des choses, de nous prononcer sur certains points insuffisamment élucidés.

De toutes les causes de la verbomanie et des circonstances dans lesquelles elle naît et se développe, trois facteurs attirent particulièrement notre attention et offrent un vaste champ à l'étude : la famille, l'école, la vie sociale. Cette dernière se synthétise en deux formes : la conversation, l'art oratoire.

Nous laisserons de côté le rôle de l'hérédité dans la verbomanie : il doit être nul ou peu important ; la tare que nous étudions est plutôt acquise, tare contagieuse au plus haut degré.

La verbomanie naît, se développe, se maintient et se termine à la manière de toutes les autres manies, elle a des symptômes, des signes, une évolution, un traitement. Elle éclate quelquefois brusquement et spontanément, elle demeure souvent à l'état latent jusqu'au moment où un événement familial ou social vient déterminer l'explosion de la psychose ;

le plus souvent elle est progressive et graduelle dans sa marche ; elle présente également divers degrés d'intensité dans les phénomènes qui la caractérisent.

Nous avons vu, dans les deux premiers chapitres, le rôle que l'imitation, la répétition et l'automatisme jouent dans le langage. Les enfants, plus que les hommes, sont lents à pénétrer des idées et aptes à répéter des paroles qu'ils entendent, sans les comprendre. Les mots que nous prononçons devant les enfants se gravent avec plus de rapidité dans leur mémoire que dans celle des adultes, mais ils pénétrent moins rapidement leur intelligence ; le plus souvent ils ne sont pas à leur portée. On peut leur faire apprendre des fables et des pages sans qu'ils comprennent ce qu'ils récitent. Les mots s'amassent dans leur mémoire et en sortent pêle-mêle, à tout propos, hors de propos. Sous la plupart de ces mots, ils ne mettent aucune idée, ils se plaisent à les répéter parce qu'ils les entendent.

Les enfants entendent toutes sortes de paroles, sans qu'on y fasse attention, ils se les approprient, y donnent des sens de fantaisie, y associent leurs impressions, leurs souvenirs, à tort et à travers, et en tirent des conclusions qui n'ont rien à faire avec la réalité. Ils savent par cœur et récitent des textes[1],

---

1. Nous avons connu une petite Russe de six ans qui récitait par cœur la moitié des fables de Krilov (le La Fontaine russe). Au

emmagasinés dans leur mémoire, par de purs procédés mécaniques à la suite d'impressions agissant
sur l'œil ou sur l'oreille, textes de la signification des-
quels ils n'ont pas souci. L'imitation et l'habitude
chez eux jouent un rôle plus considérable que chez
les adultes. Leur mémoire diffère de la nôtre.

Une mémoire d'enfant, dit le Dr Philippe [1], n'est
pas la mémoire d'un adulte en miniature, et l'on ne
saurait dire qu'elle apprenne moins et retienne
moins que celle d'une grande personne. En fait, elle
est fermée à certaines idées : mais elle est, pour
d'autres choses, capable d'apprendre plus et de
retenir mieux et plus longtemps que nous. Elle
procède autrement parce que c'est une autre
mémoire. Il peut même arriver qu'au cours de la
croissance le type de mémoire change, par une transformation profonde qui semble atteindre sa nature
même. Que de changements on constate quand on
suit les étapes du langage de l'enfant, celles de ses
associations, de son attention, de ses sensations, etc.
Tout l'organisme mental de l'écolier croît comme
son organisme physique : et ces changements, pour
moins apparents qu'ils soient, n'en sont pas moins

commencement de 1912, nous avons pu observer une petite pari-
sienne également âgée de six ans, à peine, qui, chargée, dans un
grand théâtre et dans une grande pièce, d'un rôle écrasant pour
son âge, s'en acquitta à merveille, bien entendu, par de purs procédés mécaniques.

1. *La psychologie des écoliers*, in *L'éducateur moderne*, juin-juillet
1906.

profonds ni moins importants pour l'avenir de sa
vie sociale. Le Dr Philippe met en garde contre les
tendances à interpréter la petite mentalité de l'enfant à travers le prisme de la nôtre, à transposer
dans sa conscience ce que nous voyons dans la nôtre
et à régler son éducation d'après des conclusions
par analogie.

Le besoin d'imitation en général et la faculté
d'imiter et de réaliser[1] les paroles qu'il entend s'é-
veille chez l'enfant à des époques différentes. Au
début l'imitation des mots est imprécise, mais elle
se perfectionne progressivement. D'après Kussmaul[2],
« des enfants très développés acquièrent quelquefois
sous ce rapport, dès leurs premières années, une
assez grande perfection ».

L'enfant ne construit pas des mots lui-même, de
son propre gré, il lui arrive de transformer spontanément ce qu'il a imité, mais cette transformation
est encore une sorte d'imitation. Il apprend à parler
sans se rendre compte du pourquoi ni du comment,
il le fait en vertu d'un besoin inconscient ; l'observation du monde extérieur et l'intuition intérieure
ne s'allient que plus tard à l'instinct d'imitation.

---

1. Esquirol (*Ouv. cité*, t. II, p. 100) cite une petite fille de trois
ans, de parents sains, qui entendant souvent maudire la seconde
femme de son père, désire désormais la mort de sa belle-mère, et,
à l'âge de cinq ans et trois mois, fait les premières tentatives
pour la tuer.

2. *Ouv. cité*, p. 60.

L'enfant ignore le vrai sens des mots ; s'il raconte un fait positif, réel, il y incorpore des mots, des phrases qu'il a entendus et qu'il ne comprend pas.

Une petite fille de huit ans, ayant entendu le récit d'une ascension faite par son frère à Chamonix, nous l'a racontée, à son tour, avec tant de clarté et de détails inédits qu'on eût pu croire que cette ascension avait été faite par elle-même. Elle s'était créé une idée particulière de cette excursion, idée qui s'éloignait fort de la réalité. Les enfants donnent aux mots un sens que nous ignorons ; l'impression qu'un mot produit sur eux n'est pas celle qu'il produit sur nous ; cette impression n'a de la valeur que pour eux, rien que pour eux.

Selon l'observation de Preyer[1], les enfants qui répètent tôt et avec habileté sont vraisemblablement ceux qui apprennent le plus tôt à parler et dont le cerveau se développe plus rapidement, mais aussi s'arrête le plus tôt dans son développement, au lieu que les enfants qui n'arrivent que plus tard et plus rarement à répéter correctement, apprennent d'ordinaire à parler tard, mais ils sont en général plus intelligents. L'activité d'ordre plus élevé imprime au cerveau une croissance plus vive. Les premiers, en cultivant plus la partie centro-motrice, délaissent

---

1. *Op. cit.*, p. 348.

nécessairement la partie intellectuelle. Chez les
animaux également, le développement rapide et
bref du cerveau s'accompagne habituellement d'un
moindre développement de l'intelligence. L'intelligence se développe mieux quand l'enfant, au lieu de
répéter sans rime ni raison tout ce que l'on dit
devant lui, cherche à deviner le sens des mots
qu'on lui adresse. Preyer estime que « la période
pendant laquelle l'enfant s'efforce de comprendre
lui-même le sens des mots prend place parmi les
plus intéressantes dans le développement intellectuel ». L'enfant ne donne jamais aux mots la même
signification que nous ; il est toujours très embar-
rassé quand il a affaire à plusieurs mots à la fois ou
à des mots trop compliqués pour lui, il les interprète
selon sa mentalité, d'une manière fausse, bien
entendu, ce qui influence défavorablement son
développement intellectuel.

Nous devons être très attentifs à ne pas pousser
les enfants trop en avant, à ne pas remplir leur
cerveau de mots difficiles, de crainte d'encombrer
leur esprit et d'y élever des édifices artificiels de
mots qu'aucune idée n'éclaire. Whitney[1] trouve que
cet inconvénient est jusqu'à un certain point inévi-
table. « Une foule de grandes conceptions sont
jetées dans un jeune esprit et y sont retenues par

---

1. *Ouv. cité*, pp. 23-24.

quelque pauvre association d'idées, comme des
cadres vides que le travail ultérieur de sa pensée
remplira, au fur et à mesure de son développement
intellectuel ». En est-il toujours ainsi? Non seulement à l'époque où on les lui enseigne, mais plus
tard, beaucoup plus tard, tout homme comprend-il
réellement ce que signifient, par exemple, les mots
devoir, *conscience*? Whitney reconnaît lui-même que
nos mots ne sont que trop souvent des signes pour
les généralisations vagues, précipitées, indéfinies, in-
définissables. Nous nous en servons assez bien pour
les besoins ordinaires de la vie sociale, et la plupart
des hommes s'en contentent, laissant au temps et à
l'étude le soin de les éclaircir s'ils peuvent ; mais il
en est peu dont l'esprit soit assez indépendant, fût-il
assez fort, pour se rendre compte de la valeur intime
de chaque mot, pour le soumettre à l'analyse, pour
en déterminer le sens. Quand deux hommes expriment leurs opinions, cela prend immédiatement
la forme de controverse et de dispute : chacun a
son vocabulaire et chacun donne aux mots le sens
qui lui convient. L'écrivain qui vise à l'exactitude
doit commencer par composer son vocabulaire,
même après cette précaution, il ne peut parvenir à
rester fidèle à ses propres définitions, car il arrive
toujours quelqu'un pour lui prouver qu'il a manqué
de correction dans les termes, que tout son raisonnement repose sur un mot mal compris. Et Whitney

a raison de dire que les signes articulés sont loin d'être identiques à l'idée. « Ils ne le sont que comme les signes mathématiques sont identiques aux concepts, aux quantités, aux rapports numériques, et rien de plus. »

Cependant, nous ne craignons pas de mettre nos enfants en contact avec tous nos « mots mal compris ». Nous les mettons en possession du riche héritage de la parole par l'éducation dont le premier principe consiste non pas à leur expliquer et définir chaque mot qu'ils sont susceptibles de comprendre, mais à bourrer leur mémoire de mots qu'ils ne comprennent pas.

Les aptitudes de l'enfant s'éveillent et se développent peu à peu ; son cerveau est un mécanisme très délicat, en voulant le remplir de mots dont il ne comprend pas le sens, on l'affaiblit.

Nous admirons beaucoup l'enfant qui gazouille, dans un langage incertain, des petites histoires complètement imaginaires qui représentent chez lui les préludes d'une intelligence qui s'éveille. C'est normal. Mais si ce gazouillement, ce langage incertain n'est pas réglé dès que l'enfant avance en âge, il se développera, se transformera et prendra, peu à peu, toutes les allures de la verbomanie, surtout si le milieu est favorable.

Très souvent les parents s'extasient lorsque leur enfant prononce un mot ou une phrase dont le sens est au-dessus de son âge. « Comme il est intelligent ! » Les parents qui négligent de surveiller le parler de leurs enfants, pourraient fournir une excuse spécieuse : personne jamais ne leur en a démontré la nécessité ni indiqué le moyen.

Il est psychologiquement dangereux de parler aux enfants de choses que leur entendement ne peut encore embrasser, il est dangereux de leur apprendre à jongler avec des mots dont le vrai sens leur échappe.

L'enfant est suggestible, il manque d'expérience et de réflexion critique, il est curieux, il désire savoir, il est crédule, il a une tendance à répéter, il répète donc des mots et des phrases qu'il entend, sans les comprendre ou les comprenant à sa manière. Telles sont les sources de la volubilité chez l'enfant. Cette volubilité s'éveille chez lui dès les débuts de sa vie psychique elle-même, s'accuse avec les progrès du développement de l'intelligence, augmente avec les premières années et va ensuite en s'atténuant non pour disparaître, mais pour prendre des proportions plus normales, — si une éducation rationnelle s'en mêle, — à l'âge de la puberté, avec l'éveil du sens critique[1]. Au delà de cette période, la volubilité cède la place à l'usage normal de la parole, chez l'individu normal vivant

---

1. Voyez p. 107.

dans un milieu normal ; elle persiste, au contraire, chez le sujet qui se laisse suggestionner par le verbiage du milieu, et se transforme, peu à peu ou brusquement, suivant les circonstances, en verbomanie.

II

1. — On peut affirmer que c'est au sein de la famille que nous trouvons les premiers germes de la verbomanie. Les sociologues et les moralistes ont écrit sur la famille des ouvrages nombreux où la beauté verbale des idées rivalise avec celle des sentiments. Travailler ensemble, lutter ensemble, souffrir ensemble ; trouver toujours la parole d'apaisement dont on a besoin, élever les enfants et les préparer à la vie sociale, considérer le foyer comme la pierre de touche de l'humanité future, etc. Cela est très beau... en paroles. La réalité objective et les statistiques apprennent que l'accord familial est, généralement, un mythe.

Le doit et l'avoir, la jalousie, l'orgueil, l'amour-propre, le mépris mêlé de pitié, l'indifférence avouée ou dissimulée, la douleur cachée sont moins rares que l'équilibre de l'esprit, des sentiments, des goûts, des aspirations. L'examen des faits confirme ces considérations. Afin de ne point surcharger cet

ouvrage, nous n'y donnons pas toutes les observations que nous avons réunies[1]. Nous convions le
lecteur à s'associer à notre travail. La vie est un
champ d'observations tellement fertile que chacun
y peut glaner, selon ses goûts et ses aptitudes.

Sur cent familles combien y en a-t-il d'heureuses
où les enfants reçoivent des exemples salutaires et
une éducation rationnelle ? Les observations les plus
scrupuleuses, relatives à ce sujet, aboutissent à un
pessimisme effrayant. La vie de la plupart des
familles est basée sur la dissimulation, sur des discussions et des disputes continuelles dans lesquelles
la phraséologie tient lieu de sentiments et d'idées.

Les parents qui donnent à leurs enfants des leçons
d'équilibre moral et d'harmonie sont rares et plus
rares encore ceux qui sont capables de comprendre la nécessité d'expliquer aux enfants le sens
des mots, les jugements autocratiques qu'ils entendent et toutes les contradictions qu'ils constatent à
chaque pas. Peu de parents se doutent qu'on a plus
d'influence sur les enfants par l'exemple qu'on leur
donne que par les paroles qu'on leur adresse.

Les enfants du peuple apprennent à parler dans
la rue, ceux des classes élevées, dans les écoles où
les parents les envoient pour s'en débarrasser et où
la phraséologie règne en maîtresse toute-puissante.

1. Voyez le chapitre VII.

Le verbomane est, avant tout, débiteur de ses parents et des maîtres qui forment son intelligence et sa personnalité.

2. — Dans tous les pays, la phraséologie est la base de l'enseignement. On encombre le cerveau des enfants et des jeunes gens de mots inutiles et incompris, on les prépare à confondre et non à unifier les mots, les choses et les idées, à considérer comme vérité des formules acquises et toutes faites. Nulle part on n'enseigne aux élèves à se servir de leurs sens pour discerner et connaître les choses, on les suggestionne par une persuasion orale, par une phraséologie qui entretient en eux l'inaction et paralyse toute initiative de discerner, de vérifier. On les prépare et habitue à cacher leurs émotions, leurs sentiments, leurs pensées, à étouffer les mots vrais qui montent à leurs lèvres et à n'employer que des mots vides et faux.

L'enseignement oral dont s'orgueillissent beaucoup d'universités, dans tous les pays, est forcément incomplet, mal équilibré dans ses parties et psychologiquement néfaste : il surmène l'attention. Et cependant, l'enseignement oral est prépondérant partout. (L'ambition des professeurs de lycée est de donner à leurs leçons l'allure d'un cours de faculté de lettres.) Il règne dans les écoles spéciales, dans les facultés des sciences et de médecine.

Ce ne sont pas les laboratoires, les hôpitaux, les

salles d'opération, mais les amphithéâtres qui sont les centres où l'on est censé apprendre. Dans certains pays, on arrive à être médecin sans avoir touché un malade. C'est une phraséologie inutile, abstraite qu'on enseigne aux futurs praticiens[1]. L'étudiant a tant de cours à suivre qu'il ne lui reste guère le temps de fréquenter les hôpitaux où, d'ailleurs, il est encore astreint à suivre un enseignement oral. D'un médecin, candidat à l'agrégation, on n'exige aucune recherche originale, mais on lui demande de disserter sur une foule de questions qui n'ont rien à faire avec la science[2].

Dans les cours, l'auditeur ne recueille que des bribes du sujet, jamais l'ensemble. Les élèves défilent devant les professeurs, — dans toutes les facultés, — et ne tirent aucun profit de l'amas de matières indigestes et de la phraséologie : les professeurs eux-mêmes sont les premiers à le reconnaître.

Le bourrage verbeux atrophie les facultés actives, l'esprit d'observation, de compréhension et d'inter-

---

1. En France, le nombre de thèses de médecine sur des questions purement littéraires augmente considérablement.

2. Pinel, l'un des ancêtres des aliénistes modernes, disait : « Je voudrais bien qu'en médecine on comptât pour quelque chose, comme on le fait en physique, en chimie, en botanique, un jugement sain, une sagacité naturelle, un esprit inventif, dépouillés de tout autre privilège; qu'on s'informât peu si tel homme a fait certaines études d'usage, ou rempli certaines formalités, mais seulement s'il a approfondi quelque partie de la science médicale, ou s'il a découvert quelque vérité utile. » *Traité médico-philosophique sur l'aliénation mentale ou la manie*, p. XCVI, Paris, an IX.

prétation, il atrophie tout mouvement spontané qui
s'élève des faits aux idées. Il n'y a pas de science en
dehors de l'étude des faits, mais si les faits et l'expérience sont supérieurs au livre, le livre, au point de
vue théorique, est encore supérieur à la leçon verbale où le sujet est noyé dans un flot de mots inutiles. Le livre permet, au moins, la réflexion et le
travail personnel, à condition d'avoir une méthode
de lecture et de travail.

Nulle part l'enseignement n'a pour mission de
dépister, en temps utile, les symptômes menaçants
de la verbomanie et de les prévenir par une intervention énergique. Au contraire, les réunions où la
phraséologie se donne libre cours sont partout favo-
risées. M. Mendousse[1] qui a étudié la psychologie
des jeunes gens, constate que ceux-ci, dans tous les
pays, ne cherchent qu'à combiner l'éloquence et la
dialectique. « Les discours échangés dans leurs réunions tiennent à la fois de la polémique, du plaidoyer et de la controverse ; les usages parlementaires
y sont l'objet d'une imitation et d'un respect scru-
puleux, comme on peut s'en assurer en assistant
aux congrès d'étudiants et, mieux encore, aux parlotes que les candidats aux Écoles tiennent dans un
coin de la cour du lycée. Les anciens ordres ensei-
gnants, en particulier les dominicains et les jésuites,

---

1. L'âme de l'adolescent, pp. 134-135 ; Paris, F. Alcan, 1909.

savaient profiter de ces dispositions pour maintenir sous leur influence leurs élèves de la veille ; ils fondaient des associations dont le principal intérêt résidait dans des conférences, faites à tour de rôle par chaque sociétaire, suivies d'une discussion à laquelle toute l'assemblée prenait part. » M. Mendousse se rappelle avoir eu l'occasion d'assister à deux ou trois de ces réunions et il ne peut songer encore « sans un serrement de cœur » au ton de certitude que prenait le conférencier de dix-sept ou dix-huit ans pour développer des thèses partiales grosses de malentendus futurs, à l'aide d'arguments *a priori* ou de fantaisies historiques.

« L'éloquence parlementaire » fleurit plus que jamais dans toutes les réunions, dans tous les groupements, dans toutes les sociétés d'étudiants. Jamais la verbomanie n'a été plus exaltée chez les jeunes qui se préparent à la vie sociale.

En Allemagne, l'étudiant se contente de boire de la bière dans son *Verein* où l'on discute peu, mais aux *Unions* d'Oxford, de Cambridge les joûtes oratoires sont une des occupations préférées. Aux États-Unis ce mouvement a introduit une nouvelle méthode de travail. Les champions sont très soigneusement choisis parmi les concurrents préparés d'avance et la thèse à soutenir est divisée de façon que chaque controversiste en présente une partie déterminée. « On ne procède pas autrement aux

championnats de lawn-tennis, remarque M. Mendousse. Combien il est dangereux et imprudent de
prendre trop tôt position sur des problèmes importants et de s'habituer à les résoudre par des artifices
de langage. A parler avec facilité sur toutes sortes
de sujets, on risque de tomber dans le verbiage,
dans l'impuissance à juger sainement des choses.
Seule une forte dose d'ignorance rend possible à cet
âge l'assurance de la parole et la rigueur des déductions quand elles ont pour objet des questions complexes et incertaines. »

Tout dernièrement, à Paris, un jeune collégien de
dix-sept ans a fait, en trois semaines, trois conférences : sur *Victor Hugo et Nietzsche*, sur *Les idées de
Spencer* et sur l'*Aviation*. Il paraît que « le jeune conférencier a été très applaudi par un nombreux et
élégant public ». On nous a affirmé que, dans le
choix d'une carrière, cet élève hésite entre les
sciences et le théâtre. Dans tous les cas, les sujets
éclectiques de ses conférences prouvent suffisamment
que le jeune verbomane ignore la valeur des mots,
des choses et des idées.

Nulle part, on n'enseigne aux élèves le sens et la
valeur des mots. La science philologique a fait
beaucoup de progrès depuis un quart de siècle, mais
ses résultats ne sont accessibles qu'à un tout petit
nombre d'initiés. La *Sémantique*[1] ne compte pas

1. Mot grec : la science du sens des mots.

beaucoup de chaires dans les universités. Dans les lycées et les facultés on remplit les cerveaux des élèves de beaucoup de mots, mais on ne leur enseigne pas à discerner le sens et la valeur des mots qu'ils emploient constamment. La psychologie du langage ne figure pas encore dans les programmes universitaires. « Mots incompris encombrant les mémoires distraites ; opinions d'autrui, absorbées sans être même assimilées... Et ce qui est pire encore, des maîtres préparent leurs élèves à la réponse qu'ils savent devoir plaire à l'examinateur[1]. »

Dès que le jeune homme est en mesure de comparer, de juger par sa propre raison, — quand celle-ci n'est pas atrophiée de bonne heure, — dès qu'il commence à comprendre la vie, il rentre plus souvent en lui-même, psychologiquement il éprouve le besoin d'être moins loquace, mais socialement, il est plus que jamais poussé vers la phraséologie, puisqu'il s'aperçoit, dès ses premiers pas dans la société, que la vie sociale tout entière est basée sur des mots et des phrases et que seuls les verbomanes réussissent.

L'éducation de la majorité des hommes est faussée, dès l'origine ; on empoisonne leur esprit des plus dangereux sophismes, et le plus funeste de tous est que « la phraséologie mène à tout ».

---

1. Lavisse, *Conférence sur le baccalauréat.*

III

Comment demander aux élèves qu'ils cherchent l'accord entre la pensée et l'expression, quand leurs maîtres, habitués aux méthodes soi-disant objectives, ne peuvent guère, par la force des choses, le pratiquer. L'organisation de l'enseignement favorise la verbomanie. Le recrutement des professeurs est irrationnel, dans tous les pays. Les diplômes, — envisagés essentiellement comme un moyen, — qu'on délivre si facilement de nos jours, confient aux incapables, sans aptitudes scientifiques, le droit de verbomaniser toute leur vie.

Nous ne parlons pas ici de l'instituteur qui, chargé de tout enseigner, est censé tout savoir, ni du professeur de l'enseignement secondaire dont, officiellement, le champ de vision doit être borné et dont la seule mission est de bourrer le cerveau de l'enfant et du jeune homme d'un savoir froid, indigeste.

« En Allemagne, dit Seignobos [1], le doctorat est un examen préliminaire, en France il est l'épreuve décisive sur laquelle on juge l'aspirant à l'enseignement supérieur. Presque tous les membres de nos facultés ont été nommés aussitôt après leur thèse, et à

1. *Le régime de l'enseignement supérieur des lettres*, p. 12; Paris, Imprimerie nationale, MDCCCCIV.

cause de leur thèse... La soutenance permet d'apprécier *comment* raisonne le candidat. » Tout est là : *la manière* de raisonner. Or, il ne faut jamais confondre l'esprit personnel, l'esprit critique avec l'esprit raisonneur, surtout avec la *manière* de raisonner. Et si l'examen préliminaire ou la thèse prouve que le candidat a su emmagasiner et classer dans sa mémoire des formules admises, si sa manière de raisonner est approuvée, il bénéficie, presque dès l'entrée dans la carrière, de l'inamovibilité. Si encore il n'était que rééligible, non, il est inamovible : dans tous les pays.

« Un savant, même s'il enseigne mal au sens propre, s'il fait mal son cours, enseigne bien par l'exemple de son travail scientifique[1] ». En théorie, c'est parfait, mais qu'est donc l'agrégation en France, le privat-docentisme en Allemagne et ailleurs, sinon, pour ainsi dire, la constatation officielle que la phraséologie du candidat est bien développée, nous ne disons pas claire, car, selon l'observation très juste de M. Buquet[2], directeur de l'École Centrale, « il existe une opinion très répandue : Le professeur dont on ne comprend pas bien le cours est un grand homme ; moins on comprend ce qu'il indique, plus on croit qu'il est supérieur aux autres ».

---

1. Seignobos, *Op. cité*, p. 11.
2. Enquête parlementaire sur la réforme de l'enseignement secondaire, t. II, p. 503; Paris, 1902.

Quant à « l'exemple de son travail scientifique », on se demande quand le professeur qui doit faire des cours verbaux, plusieurs fois par semaine, peut se consacrer à des travaux personnels ou collectifs, en collaboration avec ses élèves.

« En outre, la réputation scientifique du professeur donne à l'établissement où il enseigne un prestige qui attire les étudiants ; ils trouveront ensuite chez d'autres professeurs moins célèbres l'enseignement qu'ils cherchent[1]. » Ce prestige, ce n'est pas toujours le professeur qui l'apporte, c'est l'école, c'est la faculté où il enseigne, et le passé de cette école joue dans la formation de ce prestige un rôle, bien souvent, plus grand que le présent[2].

Tel professeur qui obtient de gros succès à la célèbre École de Z., n'en obtient aucun à l'École moins connue de X. Tel orateur qui obtient de gros succès au Parlement, n'en obtient aucun dans une réunion publique. Le prestige de la maison et la mise en scène diffèrent. La même étude n'est pas appréciée de la même manière quand elle est publiée dans une revue célèbre ou dans une petite revue inconnue[3]. Le plus souvent, le professeur et l'homme

1. Seignobos, *Op. cité*, p. 11.

2. Nous ne parlons pas ici exclusivement de l'enseignement en France ni des universités françaises qui sont loin d'être inférieures aux universités étrangères.

3. Tolstoï demanda, un jour, au directeur d'une revue très connue, paraissant à Moscou, des nouvelles d'un conte biblique qu'il lui avait envoyé un an auparavant. Le directeur répondit

politique tirent plus de prestige de l'école et du parti auxquels ils appartiennent qu'ils ne leur en apportent.

D'ailleurs, le prestige n'a aucun rapport avec la valeur personnelle de l'individu, ni surtout avec la vérité. L'opinion d'un groupe ou d'une majorité intéressée joue un rôle autrement considérable que le mérite personnel, et nous verrons, dans le chapitre suivant, sur quelles bases fluides une opinion est assise.

La science se transforme continuellement, et dans un sens que personne ne peut prévoir, et le professeur est obligé d'envelopper dans un flot de paroles des sujets caducs qui lui sont familiers.

Ostwald[1] prétend que les universités allemandes sont encombrées par de « vénérables ruines », invalides de la science, qui ont fait leur temps et qui devraient céder la place à d'autres. Il le souhaite pour eux-mêmes, pour les étudiants et pour la science dont ils entravent l'évolution.

Combien y a-t-il de professeurs, dans les universités de tous les pays, qui, absorbés par la prépara-

qu'il n'avait rien reçu signé *Tolstoï*. Celui-ci, en effet, avait oublié de signer son conte ; il rappela le titre. On chercha et on le retrouva, parmi les manuscrits refusés, avec la note de la rédaction : « Mauvaise imitation de Tolstoï. Ne pas publier. » Inutile d'ajouter que le conte parut dans le premier numéro de la revue. Le prestige du nom modifia sinon la valeur du conte, du moins l'opinion de la rédaction sur sa valeur.

1. *Grosse Männer*, Studien zur Biologie des Genies. Leipzig, 1910.

tion matérielle des cours oraux, ont le temps de
choisir entre les faits, les idées et les mots ? Certes, il
y a des esprits d'élite parmi les professeurs, leur
valeur et leur prestige rejaillissent sur les autres,
et c'est sur leur prestige que vivent les autres. Mais
les esprits d'élite sont rares. La plupart se contentent
de prêcher, de discuter ou simplement d'affirmer. La
vérité objective ne les intéresse pas. « Quand deux
physiologistes ou deux médecins discutent pour soutenir chacun leur point de vue ou leurs théories,
disait Claude Bernard, il n'y a au milieu de leurs
arguments contradictoires qu'une seule chose qui
soit absolument certaine, c'est que les deux théories
sont insuffisantes et ne représentent la vérité ni l'une
ni l'autre. »

Le professeur n'est pas obligatoirement un homme
de science, mais même un homme de science, c'est-à-
dire celui qui cherche la vérité pour la vérité, sans
s'occuper des résultats pratiques de ses recherches,
est, avant tout, un homme, il a lui aussi des idées
préconçues, des préjugés, des faiblesses morales, il
connaît bien la valeur sociale de la phraséologie et
en use pour le besoin de ses causes. Le Dr Dromard[1]
prétend que c'est une erreur de croire que le savant
met uniquement son intelligence et sa sincérité dans
ses théories, dans ses hypothèses, dans ses décou-

1. *La sincérité du savant*, in *Revue philosophique*, juillet, 1910.

vertes, dans ses doctrines. La vie affective s'y trouve mêlée, elle donne à la vie scientifique une orientation dont celle-ci devrait en principe rester dégagée. Il arrive que pour voir le monde au gré de ses tendances, le savant applique une « retouche » aux données impartiales de l'observation ; ainsi se façonne une science arbitraire, sans valeur d'ordre universel. Et ceci dans toutes les sciences, en dehors peut-être des mathématiques, le type le plus pur des sciences rationnelles et le plus dégagé de la vie affective. La philosophie n'a plus la rigueur des mathématiques, le raisonnement philosophique met en cause les inclinations personnelles, il ébranle les tendances et remue les fonds effectifs de l'être. La sincérité du philosophe trouve déjà un terrain glissant. Il a beau aborder les questions avec indépendance et liberté, le philosophe demeure attaché aux servitudes humaines. L'oppression de ses réactions organiques, religieuses, politiques projette un reflet sur ses théories. Si s'abstraire, pour philosopher, de son *moi* familial, social, politique ou religieux, est difficile mais, en principe, non impossible, un homme peut-il s'abstraire de son tempérament, ce « tout soi-même » ? suivant l'expression de M. Dromard. L'irréductible mensonge qui guette les philosophes, c'est de laisser, quoi qu'ils fassent, dans leurs systèmes raisonnés, la marque fatale et inéluctable d'un « chimisme » organique dont ils subissent l'im-

pulsion par une loi de nature. Même dans les
sciences expérimentales — physique, chimie, biologie — la sincérité peut être mise en défaut. L'expé-
rimentateur le plus probe commence par se faire
une idée préconçue, une hypothèse. Il provoque
ensuite des faits pour contrôler, pour démontrer
cette idée préconçue. Dans le domaine de la science
expérimentale, l'idée doit être asservie et mobile.
Toute idée qui émane de « l'esprit de système », toute
idée qui veut s'imposer, est anti-scientifique, car le
doute ne doit pas être exclu de la base de toute
expérience. Cependant, le savant subordonne, très
souvent, l'expérience à l'idée. Une erreur peut donc
se glisser dans toute opération expérimentale.
M. Dromard conclut que le grand danger pour le
savant — et pour la science, — ce n'est pas de concevoir des idées personnelles, c'est d'en être aveuglé
au point de ne pas voir tout ce qu'il y a de mensonge dans la vérité.

Cela n'empêche pas le savant d'enseigner son
savoir comme le dernier mot de la science objective. Le professeur, comme le savant, si même il n'a
pour mission que de vulgariser, considère sa spé-
cialité, son sujet comme une fin en soi. Par l'habitude, la répétition, il acquiert une grande facilité
verbale d'exposer son savoir ; il ne pense guère que
l'étudiant peut se trouver en face de plusieurs « fin
en soi » contradictoires, ni surtout que la force

vivante de tout savoir réel et vrai réside dans l'activité spontanée de celui qui agit, de celui qui
observe, de celui qui applique, et qu'il se forme
avec l'expérience et l'application ; la reviviscence a
son germe dans cette même activité spontanée de
celui qui s'instruit ; de sorte que si quelque savoir
est mort-né faute de vie personnelle dans l'intelligence de celui qui le transmet, et s'il arrive mort à
celui qui le reçoit, le savoir est définitivement mort.
« Ce savoir est le savoir pédagogique », selon l'expression de M. Julián Ribera [1], qui, mettant cette idée en
lumière, observe avec raison que le champ de l'expérience personnelle de l'homme est très restreint, que,
placé à un point imperceptible de la nature, il ne voit
directement qu'un cercle très réduit : cependant, le
savoir qu'il obtient de cette façon est le seul vivant,
et il n'apprendra rien de ce qu'il ne voit pas, à
moins qu'il ne puisse le rapporter à ce qu'il a
connu par sa propre expérience. Ce qu'on acquiert
directement est petit en quantité, mais cela est
très vivant en qualité ; car cet acquis vivifie les
savoirs indirects qu'on met en communication avec
lui, lesquels tomberaient morts dans une intelligence qui ne le posséderait pas vigoureusement.
Savoir très peu de choses et les savoir bien est le

---

1. Professeur à l'Université de Madrid. Voy. le curieux extrait
de son ouvrage, la *Supersticion pedagogica*, trad. par R.-M.-G.
dans le *Spectateur*, novembre-décembre 1911.

principe et la racine pour apprendre les autres ; et il est de grand sens de confesser l'ignorance de beaucoup de choses inutiles exaltées par les pédants. Nous pensons avec M. Ribera que le vrai savoir, le savoir vivant, est intransmissible. Seule se transmet la parole, non pas l'acte de penser. La parole est un signe, une expression remémoratrice de l'action de penser. Raisonner et observer véritablement ne ressemble en rien aux phrases dans lesquelles on expose le résultat du travail. Notre pensée ne travaille pas elle-même quand elle suit un raisonnement ordonné géométriquement. Comme tous les organes, le cerveau se développe par l'exercice personnel.

La transmission purement verbale d'un savoir, au lieu d'infuser des énergies aux auditeurs, les habitue à l'incapacité intellectuelle et à la phraséologie vide.

La place démesurée qu'on accorde, dans tous les pays, à l'enseignement oral et à l'inamovibilité du corps enseignant, — deux problèmes excessivement difficiles à résoudre, il faut bien l'avouer, — est, en grande mesure, responsable du développement excessif de la verbomanie et de son rôle prépondérant et néfaste dans la vie sociale.

CHAPITRE V

LA CONVERSATION. — L'OPINION

I. — Produit d'une société, le langage obéit à ses lois, coutumes, mœurs. Le langage est social, c'est pour les relations entre les hommes qu'il est utilisé. — La conversation est la forme la plus naturelle de cet échange. — Définitions. — Analyses. — Les interprétations d'une conversation dépendent non des mots prononcés, mais du prestige des personnes qui causent, de leur voix, des états d'âme qu'elle trahit, de leurs sourires. — L'accent. — Les comédiens. — Les étrangers. — Nous pouvons attacher une valeur inégale à la même phrase prononcée par deux personnes différentes ou par la même personne dans des circonstances différentes.

II. — Les mots dont le vrai sens nous échappe sont justement ceux que nous employons le plus. — Les raffinés dans la conversation. — Les salons. — Les finesses et les sous-entendus témoignent de la peur de dire tout haut sa pensée. — La conversation et la liberté morale. — La suggestion réciproque. — Chercher mentalement ce qu'on nous tait nous empêche d'écouter et d'entendre ce qu'on nous dit. — Nous écoutons avec attention et nous comprenons ceux seulement que nous voulons comprendre. — Nous ne connaissons que notre propre *moi*. — — L'homme ne connaît l'homme qu'à travers sa propre individualité.

III. — La conversation est le premier facteur de l'opinion publique. — Comment se forme l'opinion. — Les convictions raisonnées et solidement appuyées sont rares. — Rares sont les personnes qui se font une opinion sur quelqu'un ou quelque chose d'après leur propre jugement; la majorité accepte les opinions toutes faites, sans s'occuper de la base et des éléments des opinions qu'on lui suggère. — L'opinion n'a aucun rapport avec la raison, l'intelligence, les idées, la vérité. — L'observation, l'enquête, l'expérience, l'analyse, la critique ne sont que des mots qu'on emploie constamment, mais qu'on applique rarement, par faiblesse mentale, par manque de loisir, par manque d'intérêt, par indifférence. — Les milieux, les partis et les étiquettes. — Le triomphe des idées n'est, le plus souvent, que le triomphe de certaines formules verbales. — Pour qu'une formule porte haut et loin, socialement, on substitue à la conversation le discours, l'éloquence, l'art oratoire.

I

La famille et l'école font germer la verbomanie chez les enfants et les jeunes gens, la société se charge de la faire fructifier et fleurir. La verbomanie est un fait psycho-social. Le langage, en tant que moyen d'échange, contient le germe de la sociabilité, il existe pour la société. L'homme absolument isolé de tout groupement n'aurait pas besoin de faire usage de la faculté de parler. Nous parlons pour être compris.

Produit de la société, le langage obéit à ses lois, coutumes, mœurs ; il est social, c'est pour les relations entre les hommes qu'il est utilisé, c'est par lui que la pensée est censée se produire au dehors et être échangée. La conversation est la forme la plus simple et la plus naturelle de cet échange dont le caractère utilitaire disparaît progressivement, à mesure que nous nous éloignons des débuts des sociétés humaines. Le besoin de parler pour parler, par plaisir, a toujours dû exister chez les hommes. La conversation, chez les primitifs, consistait en chants communs. Encore de nos jours, chez les Esquimaux, on chante pour ou contre quelqu'un, au lieu de le complimenter ou de le railler. Ne voyons-nous pas, dans nos sociétés civilisées, la jeunesse studieuse chanter pour ou contre quelqu'un ? Les sauvages pratiquent et aiment la conversation et la médisance.

Selon Tarde [1], la conversation, ce bavardage superflu, au premier abord, est, en réalité, l'agent économique le plus indispensable, puisque, sans lui, il n'y aurait pas d'opinion, et, sans opinion, point de valeur, notion fondamentale de la vie et des sciences sociales. Au point de vue moral, la conversation lutte, avec succès, contre l'égoïsme, elle oppose

---

1. *L'opinion et la foule*, p. 127, 125, 142, Paris, F. Alcan, 1901. Tarde analyse les causes des transformations historiques de la conversation. Causes linguistiques : une langue riche, harmonieuse, nuancée, prédispose au bavardage. Causes religieuses : la conversation se transforme suivant que la religion limite plus ou moins la liberté des propos, la médisance, le libertinage d'esprit, s'oppose ou non au progrès des sciences, impose ou non la règle du silence à certains groupes. Causes politiques : dans une démocratie, la conversation se nourrit des sujets que la tribune ou la vie électorale lui fournissent; dans une monarchie absolue, de critique littéraire ou d'observations psychologiques. Causes économiques : le loisir. Mais Tarde passe sous silence les causes psycho-pathologiques de la conversation : la loi du moindre effort; la peur d'agir. Les mots *phraséologie* et *verbomanie* ne figurent point dans l'étude de Tarde. Dans la grande majorité des cas, la conversation psycho-pathologique évolue vers le discours. Le verbomane ne converse pas, il parle, il raconte, il narre, il discourt. Les orateurs ne sont pas de bons causeurs.

aux tendances exclusivement individuelles des tendances sociales, elle distribue et répand la louange
et le blâme, elle accrédite « des illusions salutaires
ou des mensonges conventionnels », elle contribue
à la pénétration mutuelle des esprits, engendre, au
point de vue esthétique, la politesse, elle finit par
élaborer des mœurs et contribue ainsi à l'œuvre du
progrès et de la civilisation. Tarde réfute les écono-
mistes de l'ancienne école qui considéraient comme
improductive et futile la conversation entre gens
cultivés. Causer, pour eux, c'est perdre son temps,
et il est certain, dit Tarde, que si toute la vie
sociale doit converger vers la production à outrance,
vers la production pour la production, la parole
n'a droit d'être tolérée qu'à titre de moyen d'é-
change; mais une société qui réaliserait cet idéal,
où l'on ne se parlerait que pour une affaire à
traiter, achat, prêt, alliance, aurait-elle rien de
vraiment social ? Plus de littérature alors, plus
d'art, plus de joie à discourir entre amis, même
en dînant? Les repas silencieux, un buffet entre
deux trains rapides, une vie affairée et muette : si
l'on repousse cette perspective, si l'on songe au
besoin essentiel que nous avons de nous comprendre
de mieux en mieux les uns les autres pour nous
aimer et de nous excuser de plus en plus, et si l'on
accorde que la satisfaction de ce besoin profond est,
en somme, le fruit le plus haut et le plus savoureux

de la civilisation, on reconnaîtra le devoir capital, « pour les gouvernements », de ne rien faire qui puisse entraver l'extension des relations inter-spirituelles, de tout faire pour la favoriser. Tarde qui était un causeur délicieux et qui avait toujours des choses personnelles et originales à dire, était tout indiqué pour faire l'éloge de la conversation. Il faut, dit-il, être arrivé à un haut degré d'intimité affectueuse pour pouvoir se permettre, quand on est deux amis ensemble, de garder longtemps le silence. Entre amis qui ne sont pas très intimes, entre indifférents qui se rencontrent dans un salon, la parole étant le seul lien social, dès que cet unique lien vient à se rompre, un grand danger apparaît, le danger de voir se révéler le mensonge des politesses, l'absence totale d'un attachement en dépit des marques extérieures d'amitié. Ce silence glacial, quand il apparaît, consterne comme un déchirement de voiles pudiques, et on fait tout pour l'éviter. — Ce silence glacial ne vaut-il pas mieux que l'hypocrisie et le mensonge ? Ne prouve-t-il pas, dans tous les cas, les bases peu solides, pour ne pas dire éphémères, sur lesquelles la conversation est assise ?

Si Tarde constate que jamais on n'observe quelqu'un avec toute la force d'attention dont on est capable qu'à la condition de causer avec lui, il reconnaît également que « la conversation est l'agent le plus puissant de l'imitation et que les interlocuteurs

agissent les uns sur les autres, de très près, par le
timbre de la voix, le regard, la physionomie, les
passes magnétiques, les gestes et non pas seulement
par le langage [1] ». Tarde diminue ainsi la valeur
morale de la conversation et la valeur intellectuelle
de ceux qui conversent. En effet, le regard, l'expression de la physionomie, la voix sont les meilleurs
auxiliaires de la conversation. Quand nous ne comprenons pas bien ce que nous dit notre interlocuteur,
son regard, très souvent, nous l'explique. Lorsque,
assis en face de son maître, le chien le regarde de
ses yeux caressants et limpides, il n'a pas besoin de
paroles pour lui faire comprendre toute sa tendresse.

Les interprétations d'une conversation dépendent
de la personnalité des interlocuteurs, de leur voix
et des états d'âme qu'elle trahit, de leurs sourires,
de leurs accents.

Suivant les inflexions de la voix, la même phrase
peut être considérée comme un compliment ou un
reproche. Quand la voix est froide, les mots que les
lèvres prononcent manquent de vie. La voix et l'accent sont les principes vivifiants de la parole, ils
donnent un éclat, un souffle de vie aux vibrations de
l'air qui frappent nos oreilles. Faites la lecture de
la poésie la plus belle, de l'ouvrage le plus remarquable, exprimez les pensées les plus originales, les

---

1. *Ouv. cité*, p. 84.

plus nouvelles, mais sans marquer par la voix les
nuances de l'accentuation, la poésie, les idées que
vous tirez du fond de votre être paraîtront empruntées, rebattues : on ne vous écoutera pas. Au contraire, rehaussez par ces nuances ce qui a été dit
mille fois, on le croira nouveau, parce que la voix
et l'accentuation, estime-t-on, prouvent que vos
paroles ne sortent pas seulement de vos lèvres, mais
de votre cœur, de votre esprit : on vous applaudira.
Le comédien prononce mieux une pensée apprise
par cœur que l'auteur qui l'a créée. La parole ré-
sonnante du comédien aura plus d'effet.

Une personne d'origine étrangère a beau connaître
à fond la langue française, souvent mieux qu'une
certaine catégorie de Français, on la reconnaît immédiatement à son accent ; très souvent, cet accent
nous fait attribuer à la phrase prononcée par un
étranger un sens différent de celui que nous attribuons à la même phrase dite par un Français de
naissance. On connaît l'aventure [1] qui arriva un jour
à Théophraste, l'un des plus éloquents philosophes
grecs. Une vieille — *anicula* — était à son comptoir.
« Combien vaut cet objet ? lui demanda Théophraste.
— Tant. — C'est trop cher. — Vous ne l'aurez pas
à moins, *étranger*. » L'Athénienne avait reconnu
l'homme de Lesbos. Tout bon parleur qu'il était, il

---

1. Elle est racontée par Cicéron, *Brutus*; 46, et par Quintilien,
Institution oratoire, VIII, I.

avait, en effet, prononcé un mot avec quelque affectation, « *nimium attice* ». Non moins que le citadin d'Athènes, celui de Rome se reconnaissait à son accent. Pour garder toute l'harmonie du langage attique ou romain, il fallait être d'Athènes ou de Rome.

Grâce aux modifications vocales ou à la cadence qui existe dans tout langage parlé, nous attachons une valeur inégale à la même phrase prononcée par deux personnes différentes ou par la même personne dans des circonstances différentes. L'homme n'est pas le même dans toutes les sociétés, dans tous les milieux où il se trouve. La même phrase peut se dire de différentes manières, en appuyant tantôt sur certains mots, tantôt sur d'autres, ce qui modifie le sens même de la phrase.

Toute cette psychologie, toutes ces subtilités échappent à la grande majorité des causeurs. Les sensations vraiment subjectives, les idées personnelles et justes sont rares, difficiles à définir, difficiles à exprimer. Généralement, on leur substitue, consciemment ou sans s'en rendre compte, des gestes, des expressions fausses de physionomie, des inflexions, imitées, de voix ; on use surtout de mots et de termes empruntés un peu partout.

II

Les hommes emploient, souvent à tort et à travers, les paroles, les phrases qu'ils ont entendues et retenues. Dans les phrases des autres, on répète les idées des autres. On peut jeter dans la conversation les mots *justice, solidarité, humanité, art* ou les noms d'un Beethoven, d'un Spinoza, d'un Rembrandt sans les connaître le moins du monde. Parler, sans savoir de quoi l'on parle, est un trait foncièrement humain.

Nous nous servons d'expressions devenues banales qui sans doute représentent des choses réelles, mais nous ne nous soucions pas de savoir ce qu'elles renferment et ce qu'elles expriment. Il se trouve ainsi que les mots dont le vrai sens nous échappe, sont justement ceux que nous employons le plus.

En dehors des rares raffinés qui savourent, dans la conversation, la pensée et la parole comme on le fait d'une musique très suave, et qui cherchent, avec une sorte de gourmandise intellectuelle, le point, le moment précis où la sensation, la pensée et la parole les caressent de la façon la plus voluptueuse, y a-t-il quelque chose de plus vain, de plus froid, de plus absurde que les conversations des salons et des réunions mondaines ? Quel spectacle grotesque offrent ces « causeurs » et ces précieuses qui se torturent l'esprit pour parler sans dire ce qu'ils pensent ou pour employer des mots et des phrases sans les penser. Il est beaucoup plus facile de traverser une place publique encombrée de voitures que de dire un mot dans « un salon » et ne pas heurter les opinions, les préjugés, les coutumes des personnes qui s'y trouvent.

Selon Giddings[1], quand deux hommes se rencontrent, la conversation qu'ils ont ensemble n'est qu'un complément de leurs regards réciproques par lesquels ils s'explorent et cherchent à savoir s'ils appartiennent à la même espèce sociale, au même groupe social. « Nous chérissons l'illusion qui nous fait croire que nous causons parce que nous nous soucions des choses dont nous parlons, tout comme nous chérissons cette illusion, la plus douce de toutes, la croyance en l'art pour l'art. La vérité, c'est que toute expression, par le vulgaire et par l'artiste, et toute communication, depuis la conversation accidentelle de l'entrée en relations jusqu'aux profondes intimités d'un amour vrai, ont leur source dans la passion élémentaire de se connaître et de se faire connaître mutuellement, de définir la conscience de l'espèce[1]. »

Se connaître et se faire connaître : c'est un but honorable, mais pour l'atteindre, il faut cultiver la

---

[1]. *Principes de sociologie.* Cité par Tarde, *Op. cité,* p. 128.

vérité et non la masquer. Or, quand deux personnes
se font une visite de politesse et causent ensemble,
— Tarde le reconnaît lui-même[1], — elles évitent
avec soin les sujets où elles risqueraient d'être divisées d'opinion ; ou, si elles ne peuvent échapper à
la nécessité d'y toucher, elles dissimulent le plus
possible leur contradiction ; elles vont même, le plus
souvent, jusqu'à faire le sacrifice partiel de leurs
idées pour avoir l'air d'être d'accord. « La conversation polie peut donc être regardée comme un
exercice continu et universel de sociabilité », à condition que les causeurs étouffent en eux la vérité, la
sincérité, l'individualité. Ils sont animés d'une bonne
volonté évidente de s'harmoniser, mais préoccupés,
avant tout, de dire ce qu'ils ont à dire, et non de
faire éclater la vérité stricte.

La Rochefoucault[2] a dit, il y a longtemps : « Une
des choses qui fait que l'on trouve si peu de gens
raisonnables et agréables dans la conversation, c'est
qu'il n'y a presque personne qui ne pense plutôt à
ce qu'il veut dire, qu'à répondre précisément à ce
qu'on lui dit. Les plus nobles et les plus complai-
sants se contentent de montrer seulement une mine
attentive, en même temps qu'on voit dans leurs
yeux et dans leur esprit un égarement pour ce qu'on

1. *Op. cité*, p. 145.
2. *Maximes.*

leur dit, et une précipitation pour retourner à ce qu'ils veulent dire... »

On est toujours pressé de débiter ce qu'on a préparé, on prononce les phrases avec rapidité, on supprime, on élude, on brouille, on mange des syllabes et des mots qui gênent.

Dans aucun salon, dans aucune réunion d'hommes ou de femmes, la conversation libre n'est possible. Les chuchoteries de finesse et les sous-entendus témoignent de la peur de dire tout haut, publiquement, sa pensée. L'ironie, l'épigramme, l'allusion, la satire, « l'esprit », sous lesquels on cherche à cacher les vérités, sont des formes de la ruse : seule consolation des gens faibles et asservis. « La masse n'aime pas la raillerie ; le peuple, comme le génie, comme l'amour, comme les hautes forêts, comme la mer, est de nature sérieuse ; il répugne au malicieux esprit de salon [1]. »

La vie de salon et de société n'enseigne pas la franchise et la sincérité. Entendre les gens parler, durant des heures, sans rien dire, entendre les mots tomber, sans produire une seule pensée, quelle torture ! Dans des groupes sociaux définis, toutes les conversations sont, à peu près, semblables et toutes les paroles identiques : aucune originalité ne les vivifie. L'homme le plus intelligent devient gro-

---

1. Heine, *De l'Allemagne. Victor Cousin.* Édition Renduel, 1835.

tesque dans ces milieux faux où tout est duperie et
convention, où tout le monde s'entraîne et se suggestionne mutuellement. Le rôle de la suggestion
dans la conversation n'a jamais été étudié, il est
cependant considérable et offrirait, pour un spécia-
liste curieux, un domaine intéressant à explorer.

Des paroles de blâme, de haine, des paroles de
sympathie, d'affection et d'admiration sont répétées
comme par des perroquets, sur un ton qui leur
enlève toute valeur. On dépense des efforts considé-
rables, en pure perte, pour contracter des habitudes
morbides, pour entretenir une excitation permanente
du cerveau, occupé à enregistrer des formules et
des phrases toutes faites d'où toute réflexion est
bannie, tout jugement absent. Ceux qui veulent
avoir l'air d'être francs, abandonnent au premier
venu ce qu'ils considèrent comme leur *moi* intérieur,
ne se doutant pas que l'abandon facile de son *moi*
moral est aussi indécent que l'abandon de son
corps.

La parole sert toujours à l'homme d'intermédiaire
avec ses semblables dans les diverses relations
sociales, mais celles-ci n'étant pas fondées sur la
droiture et la loyauté et chacun pouvant à sa guise
répandre l'erreur et le mensonge sous le couvert des
phrases, le langage tombe dans la confusion et le
désordre, d'autant plus que les mots renferment
eux-mêmes des notions extensibles ; à côté de leur

signification précise, ils contiennent dans leurs irra-
diations des virtualités subconscientes qui agissent,
suivant la prédisposition individuelle et momentanée
du parleur et de l'auditeur. C'est là encore l'une des
causes des malentendus qui s'établissent très souvent entre celui qui parle et celui qui écoute. La
plupart du temps, nous devinons ce qu'on nous dit,
nous devinons par une sorte d'intuition, de tact
habituel, ou alors nous attribuons aux paroles qu'on
nous adresse un sens qu'elles n'ont pas.

Très souvent, quand nous parlons avec quelqu'un,
nous écoutons moins ce qu'on nous dit que nous ne
songeons à tout ce qu'on nous tait. Chercher mentalement ce qu'on nous tait nous empêche même
d'écouter et d'entendre ce qu'on nous dit. La plupart du temps, les hommes acceptent ou rejettent,
purement et simplement, ce qu'on leur dit, sans
l'analyser et sans le comprendre. Nous ne disons
jamais ce que nous voulons dire et jamais on ne nous
répond exactement à ce que nous disons.

Au fond, nous n'écoutons avec attention que ceux
que nous voulons comprendre et nous comprenons
très peu les hommes qui ne pensent pas absolument
comme nous ; tout ce que nous ne comprenons pas
nous semble étrange, faux et, souvent, idiot. Nous
considérons comme des monstres les hommes dont
les opinions diffèrent des nôtres.

Nous ne connaissons et ne comprenons que notre

moi, quand nous sommes capables de connaître et de comprendre. Nous croyons comprendre celui qui nous parle, nous attachons un certain sens à ses paroles, mais il est bien possible que nous nous trouvions devant un simple perroquet. La conscience d'autrui nous est fermée.

L'homme ne comprend l'homme qu'à travers sa propre individualité. L'individu projette dans chaque mot qu'il entend *sa* propre conception du sens, c'est-à-dire la valeur émotive et motrice qu'il lui attribue, et la valeur de représentation que son intelligence ou son expérience lui assigne.

Chacun de nous a son vocabulaire, sa manière d'employer les mots et les phrases ; on peut dire que chacun de nous a sa langue propre, d'où les malentendus innombrables.

Nous ne comprenons réellement que ceux que nous voulons comprendre. Nous voulons à tout prix trouver tel ou tel sens dans certaines paroles, et parce que nous voulons le trouver, nous le trouvons, en effet, alors même qu'il n'y est point.

III

C'est la conversation, irrésistible et inconsciente, ce sont les mots, lancés au hasard dans la bousculade sociale, qui sont les premiers et les plus puissants facteurs de l'opinion publique.

Les hommes n'ont pas le temps d'approfondir
toutes les paroles et tous les propos, toutes les conversations qu'ils entendent, ils n'ont ni le loisir ni
l'envie de les vérifier. Ainsi, une bonne ou une mauvaise opinion s'établit uniquement sur un mot mal
compris ou sur l'affirmation d'un calomniateur verbomane.

Elles sont rares, les convictions parfaitement raisonnées et solidement appuyées. Elles sont rares,
les personnes qui jugent d'après un rapide recours
au bon sens, — nous ne disons pas d'après un examen
attentif des faits, — qui se font une opinion sur
quelqu'un d'après leur propre jugement ; la majorité
accepte les opinions toutes faites sans s'occuper de
la base et des éléments des opinions qu'on lui suggère. Chacun s'en rapporte à un autre, et la vérité
a rarement l'occasion d'éclater. Avant de se faire
une opinion « personnelle » sur n'importe qui, la
grande majorité — l'élite ou la masse — s'informe de l'opinion d'autrui. L'opinion n'a aucun
rapport avec la raison, l'intelligence, les idées, la
vérité, la valeur réelle de l'individu. Demandez à un
philosophe, à un savant son opinion sur Socrate ou
sur Philon, il vous la dira franchement, sur les
hommes et choses d'aujourd'hui, sa parole ne lui
servira que pour déguiser sa pensée.

L'opinion que l'on se fait de nous ne dépend nullement de notre valeur morale ou intellectuelle

réelle, de notre mérite personnel, mais des « on dit », des relations que nous cultivons, de notre situation sociale, de l'impression que notre nez ou la forme de notre chapeau a produite sur un individu que nous ne connaissons même pas. La coupe de leurs vêtements, leurs manières et les paroles conventionnelles jouent un rôle autrement important dans la classification des individus par groupes, que leurs idées et leur mérite personnel.

Aucune force, aucune renommée, aucune gloire, aucun prestige ne résiste aux assauts de l'opinion, nulle intelligence, nulle raison n'ose ne pas s'y soumettre, volontairement ou involontairement. Et le plus souvent, la source de l'opinion est une initiative anonyme, intéressée, bienveillante ou malveillante, lancée, savamment ou au hasard, par le premier venu. « Z... est un génie. » — « W... est un gredin. » Ces affirmations, nullement fondées, jamais contrôlées, jetées au courant de la conversation, se répandent avec une rapidité vertigineuse. Z... sera considéré comme un génie et W... comme un gredin. Toutes nos réputations, littéraires, scientifiques, morales ne se font que de cette manière. Les appréciations : surhomme, philosophe, penseur, savant, idiot, suspect, voleur, assassin, sont distribuées largement, avec une facilité déconcertante.

L'observation personnelle, l'enquête, l'expérience, l'analyse, la critique ne sont que des mots qu'on emploie constamment, mais qu'on n'applique jamais, par faiblesse morale ou intellectuelle, par manque de loisir, par manque d'intérêt. Ceux qui connaissent la formation de l'opinion, la dirigent à leur profit, lorsqu'ils en ont les moyens matériels. Celui-ci se déclare « le plus noble penseur de notre époque », celui-là se frappe à la poitrine et dans une phraséologie abondante, affirme être le seul sauveur de la société. Et non seulement le vulgaire, mais l'élite finit par admettre, après en avoir souri, ces affirmations mensongères comme des vérités acquises.

Chacun de nous est prédisposé à voir les choses sous un certain jour, à cause de son éducation, de sa tournure d'esprit, de ses principes, des idées qu'il a ou qu'il n'a pas, de son intérêt personnel, mais, avant tout, chacun porte un masque : celui des convenances du milieu ambiant ; chacun porte l'étiquette d'un parti, d'une caste, d'une classe et en exprime verbeusement les idées. Celui qui n'appartient à aucun clan défini, qui ne porte, en évidence, aucune étiquette, est considéré comme un suspect et un ennemi, auquel nous ne pardonnons pas de posséder les deux choses qui nous manquent à tous : la franchise et la sincérité. Nous nous trompons mutuellement et conventionnellement.

Parce que nous avons appris, par obligation et par imitation, un trop grand nombre de manières d'exprimer les nuances de nos sensations, de nos

sentiments, de nos idées, nous avons oublié la manifestation unique et rudimentaire qui correspond à
un état d'âme simple, naturel et sincère. La simplicité et la sincérité, les deux plus grandes forces de
la parole et de l'opinion sont excessivement rares.

Selon M. Dromard[1], non seulement nous dupons
les autres, mais nous tentons aussi, à chaque instant, de nous duper nous-mêmes. Notre raison et
notre expérience nous fournissent des données que
nous ne pouvons renier ; mais ces données, nous les
habillons pour les mettre chaque fois d'accord avec
nos tendances. Nous jugeons et nous raisonnons
avec nos passions, consciemment ou inconsciemment, et ainsi nous prenons de nous-mêmes et de
toute chose une connaissance fausse, car cette
connaissance, nous la composons sans cesse au gré
de nos désirs, elle n'est pas impartiale, objective.
Nous vivons dans une atmosphère artificielle où la
fiction domine, fiction constante, créée par nous-
mêmes et par les autres, et le mensonge devient du
coup la forme habituelle et, pour ainsi dire, l'axe
de la vie. Sans doute, si nous mentons toujours à
quelque degré, notre mensonge est toujours, à
quelque degré aussi, inconscient et involontaire ;
jamais personne n'est sincère complètement ni complètement de mauvaise foi ; la sincérité parfaite ni

1. *Essai sur la sincérité*, pp. 3 et 9, Paris, F. Alcan, 1911.

l'absolue insincérité n'existent réellement. Il faut également établir une distinction entre le fourbe qui trompe en connaissance de cause, qui cherche volontairement le triomphe de l'erreur et l'homme qui manque de sincérité parce qu'il est sa propre dupe, qui se méprend plus ou moins sur ce qu'il éprouve ; il y a en eux des degrés de conscience et de volonté. L'homme idéal, d'une sincérité idéale, ce serait celui qui transmettrait ses sensations et ses idées aux autres dans la forme identique à celle dans laquelle il se les avouerait à lui-même, « l'homme qui refléterait, dans sa propre conscience d'abord, et dans ses modes d'expression ensuite, tout le contenu et rien que le contenu de ses idées et de ses sentiments[1] ».

Ces hommes existent, sans aucun doute, mais ce ne sont pas eux qui font et défont l'opinion publique. L'opinion publique est faite par les verbomanes aux paroles creuses, aux sentiments non sentis, aux idées non pensées. Des mots et des mensonges sont les éléments essentiels de l'opinion.

La verbomanie et le mensonge sont des faits sociaux en conformité avec les tendances de notre vie collective. La société mâte les indépendants et les force à ne pas exprimer franchement leurs impressions, à cacher leurs pensées. Elle enseigne des

---

1. *Ouvr. cité*, p. 5.

habitudes de dissimulation. Dans un grand nombre de cas, elle ne juge nullement blâmables des affirmations fausses et équivoques, faites inconsciemment ou avec l'idée de nuire. La convention sociale admet parfaitement le mensonge, à condition toutefois qu'il prenne une forme habituellement admise. Le mensonge est toléré quand il est fait avec habileté. Pour réussir, il faut posséder, non pas une valeur personnelle, mais l'habileté du mensonge et, bien entendu, de la parole qui encadre le mensonge. Le triomphe des idées n'est, le plus souvent, que le triomphe de la phraséologie habile et des formules admises, classées.

Et quand on veut que ces formules portent, socialement, haut et loin, on abandonne la conversation. Pour créer et répandre des opinions, on ne se contente pas de causer, on crie, on hurle, on choisit le discours, l'éloquence, l'art oratoire qui désarme, encore de nos jours, la grande majorité des hommes. L'art oratoire flatte ou endort, s'il ne persuade pas. Beaucoup sont convaincus que le grand art de parler est capable de produire des miracles.

———

CHAPITRE VI

L'ART ORATOIRE
L'ÉTAT PSYCHO-PHYSIQUE DES ORATEURS
LA CONTAGION ET LA RESPONSABILITÉ

I. — 1. La situation privilégiée de l'art oratoire et de l'orateur.
— La disposition des mots, l'accent oratoire, la diction, etc.
jouent dans le discours un rôle plus important que le sujet. —
Chez l'orateur toute pensée est convertie en sensation communicable. — Depuis le cri jusqu'aux plus légères inflexions de la
voix, depuis la mimique du visage jusqu'aux gestes les plus
larges, tout, chez l'orateur, est émotion qui tend à éveiller et à
suggestionner la sensibilité. — L'art d'émouvoir est plus puissant que l'art de persuader. — Psychologie de l'auditeur. — Le
style figuré de l'éloquence. — 2. L'éloquence entraîne, mais ne
retient pas, elle domine, elle n'est jamais décisive. — On applaudit l'orateur, on le suit rarement. — Les grands orateurs emportent avec eux, en mourant, souvent en descendant simplement de la tribune, leur succès, leur prestige, leur œuvre. —
Toutes les irrégularités de l'activité psychique et tous les défauts
de l'association des idées qui sont si adroitement atténués dans
le langage parlé, se reflètent dans le langage écrit : c'est pourquoi les orateurs sont rarement de bons écrivains. — L'éloquence n'est pas un acte, mais un art. — L'orateur n'est pas un
pur artiste, mais un artiste décorateur. — L'influence de l'éloquence dans l'évolution des idées et de la civilisation diminuera
de plus en plus. — Dans l'avenir, l'art oratoire se réfugiera
dans les cirques.

II. — L'état psycho-physiologique des orateurs. — La documentation scientifique sur ce sujet est nulle. — La documentation
littéraire est écartée de cet ouvrage. — La méthode de psychologie scientifique. — L'enquête basée sur l'auto-observation. —

L'homme instruit, surtout s'il est verbomane, est trop civilisé pour ne pas dissimuler la vérité et masquer sa réponse. — Observations générales : excitation des centres nerveux, modifications dans les fonctions physiologiques, température, etc. — L'idée de persécution. — Série d'observations typiques. — Cas de contagion.

III. — La contagion de la verbomanie se rattache à la contagion psycho-morale. — Le pouvoir du langage à base émotionnelle. — La manie d'employer, sans nécessité historique, psychologique ou pratique, des mots étrangers. — La mode linguistique. — La contagion professionnelle chez les hommes politiques. — Le discours mal compris est souvent la cause accidentelle de la démoralisation des personnes en état de réceptivité d'un élément pathogène moral. — L'absence de critérium psychologique entre le sain et le morbide, le moral et l'immoral, le criminel et l'honnête homme. — Le problème complexe de la responsabilité des verbomanes.

I

1. — Les Polynésiens, friands de beau langage, avaient des écoles de rhétorique et le plus grand éloge qu'ils pussent faire d'un chef disparu, c'était de vanter son éloquence. Nous n'avons plus d'écoles spéciales de rhéteurs, mais toute notre vie familiale et sociale est devenue une immense usine pratique où petits et grands apprennent, à cacher, à voiler, à dissimuler ou à farder, par la parole abondante, leurs pensées ou l'absence de leurs pensées. Qui n'est pas orateur ? Qui ne songe pas à devenir orateur ? Dans tous les petits cercles littéraires et politiques, on s'exerce à l'art de la parole et partout on imite en petit les grands orateurs.

Dans tous les comités, sociétés, réunions, assemblées politiques, littéraires, scientifiques, on rencontre des parleurs, « des tribuns », souvent les mêmes, qui demandent la parole, à propos de tout. L'idée de placer leur mot est fixée dans leur esprit d'une manière irrésistible, elle s'y est installée de telle façon qu'ils sont impuissants à s'en défaire. Ils ne consentent pas à laisser à un autre le soin d'exprimer sa pensée. Ils sont toujours prêts à offrir le secours de leur éloquence, sans avoir quelque chose à dire. Cette intempérance de langue ne leur permet de se taire que s'ils y sont contraints.

« Le babil est proprement une intempérance de langue qui ne permet pas à un homme de se taire... Un grand causeur, s'il est sur les tribunaux, ne laisse pas la liberté de juger ; il ne permet pas que l'on mange à table ; et s'il se trouve au théâtre, il empêche non seulement d'entendre, mais même de voir les acteurs. On lui fait avouer ingénûment qu'il ne lui est pas possible de se taire, qu'il faut que sa langue se remue dans son palais comme le poisson dans l'eau ; et que quand on l'accuserait d'être plus babillard qu'une hirondelle, il faut qu'il parle [1]... »

Dans tous les grands centres intellectuels il existe des sociétés, des cercles, des cénacles d'admiration mutuelle. Les membres de ces sociétés se réunissent

---

1. La Bruyère, *Les caractères. Du grand parleur.*

périodiquement en agapes confraternelles dont la présidence est offerte à un « arrivé ». Au dessert, le président du cercle prononce un discours auquel le président de la soirée répond. Presque toujours, ces deux discours, où la verbomanie se donne libre cours, se résument ainsi : « Cher maître, vous êtes un génie ! » — « Vous en êtes un autre ! » Les dîneurs applaudissent obligatoirement.

Aucune cérémonie familiale ou publique n'a lieu sans discours. Quand X... éprouve le besoin de se rappeler à ses contemporains, il se fait offrir un banquet et sa notoriété se mesure au nombre et à la longueur des discours qu'on y prononce. Aucun de ces discours n'est désintéressé, car l'orateur ne s'oublie jamais, ses impulsivités psychologiques prennent le dessus sur ses sentiments altruistes. L'éloquence n'est jamais désintéressée. Même dans le discours funèbre qui paraît, au premier abord, être une forme désintéressée de l'éloquence, l'orateur célèbre les vertus du défunt, son parti, sa famille et, en même temps, il n'oublie pas de se faire valoir.

Partout, la parole est reine, si elle n'entraîne pas les volontés, elle acquiert les suffrages, fait et défait les lois, décide du sort de la cité. Les hommes politiques sont, avant tout, des orateurs, ils savent que l'art oratoire décuple les moyens de persuasion.

Nous ne sommes plus au temps des Védas, quand

les brahmanes élevèrent la parole au rang des divi-
nités et lui adressèrent des hymnes[1]. Nous sommes
aussi loin de l'époque où les Athéniens venaient
s'asseoir sur les bancs du Pnyx, pour écouter Péri-
clès et plus tard Démosthène. Cependant, l'orateur
occupe encore aujourd'hui une situation privilégiée,
il a tout un public de fanatiques. Comme la verbomanie est très contagieuse, — nous le verrons plus
loin, — le temps n'est pas loin où les discoureurs
seront plus nombreux que ceux qui les écoute-
ront.

Montaigne[2] ne dédaignait pas le discours, ou
plutôt « la conférence », au sens du xvi⁰ siècle, mais
à certaines conditions. « Le plus fructueux et naturel
exercice de nostre esprit, c'est, à mon gré, la conference : i'en trouve l'usage plus doulx que d'aulcune
autre action de nostre vie ; et c'est la raison pourqoy,
si i'estois asture forcé de choisir, ie consentirois
plustost, ce crois ie, de perdre la veue, que l'ouïr
ou le parler... L'estude des livres, c'est un mouvement languissant et foible qui n'eschauffe point : là
où la conference apprend, et exerce, en un coup. Si
ie confere avecques une ame forte et un rude ious-
teur, il me presse les flancs, me pique à gauche et à

---

1. Cette conception ne les empêchait pas de réduire leur langue
à un petit nombre de racines, 500 ans avant J.-C., essai qu'en
Europe tenta le premier de réaliser Henri Étienne au xvi⁰ siècle.

2. *Essais*, t. IV, pp. 11, 17 et 19. Édition Louandre.

dextre ; ses imaginations eslancent les miennes : la
ialousie, la gloire, la convention, me poulsent et
rehaulsent au-dessus de moy mesme ; et l'unisson
est qualité du tout ennuyeuse en la conference. Mais
comme nostre esprit se fortifie par la communication
des esprits vigoreux et reglez, il ne se peult dire
combien il perd et s'abastardit par le continuel
commerce et frequentation que nous avons avecques
les esprits bas et maladifs : il n'est contagion qui
s'espande comme celle-là ; ie sçais par assez d'expérience combien en vault l'aulne. I'aime à constester
et à discourir ; mais c'est avecques peu d'hommes, et
pour moy : car de servir de spectacle aux grands, et
faire à l'envy parade de son esprit et de son caquet,
ie trouve que c'est un mestier tresmesseant à un
homme d'honneur. »

Plus loin, Montaigne ajoute : « Nos disputes
debvroient estre deffendues et punies comme d'aultres crimes verbaux : quel vice n'esveïllent elles et
n'amoncellent, toujours regies et commandees par
la cholere ? Nous entrons en inimitié, premierement
contre les raisons ; et puis, contre les hommes. Nous
n'apprenons à disputer que pour contredire : et
chascun contredisant et estant contredict, il en
advient que le fruict du disputer, c'est perdre et
aneantir la vérité. » Et encore : « I'aimerais mieulx
que mon fils apprinst aux tavernes à parler, qu'aux
escholes de la parlerie. »

La Bruyère[1] est ironique à l'égard des orateurs :
« L'oisiveté des femmes, et l'habitude qu'ont les
hommes de les courir partout où elles s'assemblent,
donnent du nom à de froids orateurs, et soutiennent
quelque temps ceux qui ont décliné. » Il préfère le
livre au discours. « Quel avantage n'a pas un discours prononcé sur un ouvrage qui est écrit ! Les
hommes sont les dupes de l'action et de la parole,
comme de tout l'appareil de l'auditoire : pour peu
de prévention qu'ils aient en faveur de celui qui
parle, ils l'admirent, et cherchent ensuite à le comprendre ; avant qu'il ait commencé ils s'écrient qu'il
va bien faire, ils s'endorment bientôt, et, le discours
fini, ils se réveillent pour dire qu'il a bien fait. On
se passionne moins pour un auteur : son ouvrage
est lu dans le loisir de la campagne ou dans le
silence du cabinet ; il n'y a point de rendez-vous
publics pour lui applaudir, encore moins de cabale
pour lui sacrifier tous ses rivaux, et pour l'élever à
la prélature, on lit son livre, quelque excellent qu'il
soit, dans l'esprit de le trouver médiocre ; on le
feuillette, on le discute, on le confronte : ce ne sont
pas des sons qui se perdent en l'air, et qui s'oublient :
ce qui est imprimé demeure imprimé ; on l'attend
quelquefois plusieurs jours avant l'impression, pour
le décrier, et le plaisir le plus délicat que l'on en

---

1. *Les caractères. De la chaire.*

tire vient de la critique qu'on en fait; on est piqué
d'y trouver à chaque page des traits qui doivent
plaire, on va même souvent jusqu'à appréhender
d'en être diverti, et on ne quitte ce livre que parce
qu'il est bon. »

De nos jours, le discours a tué le livre. La gloire
de l'orateur est plus haute que celle de l'écrivain.
Elle est passagère, ne dure point, mais les hommes
deviennent tellement pressés qu'ils se soucient peu
du lendemain. La griserie du moment leur
suffit.

Plus le verbe est haut, plus nulle est la critique
sur laquelle il est assis. Il s'en faut de beaucoup que
tous les discours que nous entendons soient déterminés par la logique pure. La sensibilité y joue un
rôle autrement grand que la raison. D'ailleurs,
l'auditeur a en horreur la logique. Où trouver l'auditeur judicieux et intelligent pour saisir et juger,
vite et sainement, toutes les péripéties d'un discours
qui se succèdent devant lui, les juger avec cette
raison suprême, constituant le centre de toutes nos
forces et de tous nos moyens?

Nous pouvons être profondément impressionnés
par les merveilleux exercices de parole d'un bel
orateur, sans qu'aucune question de vérité soit en
jeu. La disposition des mots dans un discours a
plus d'importance que l'idée, elle rend les faits et
les arguments les uns plus clairs, les autres plus

persuasifs ; le charme même du discours en dépend souvent. Cicéron[1] cite le passage suivant tiré d'un discours du tribun C. Carbon : *O Marce Druse, patrem appello : tu dicere solebas sacram esse rempublicam ; quicumque eam violavissent, ab omnibus esse ei pœnas persolutas. Patris dictum sapiens temeritas filii comprobavit.* Et il ajoute : « La chute de cette phrase, terminée par un dichorée, a valu à l'orateur des applaudissements étonnants. Je demande si ce n'est pas le nombre oratoire qui en était la cause. Changez l'ordre des mots, dites par exemple : *comprobavit filii temeritas*, — il n'y aura plus d'effet. Pourtant les mots sont les mêmes, le sens est le même. C'est que l'esprit en est satisfait, mais que les oreilles ne le sont pas. »

L'ordre des mots a autant d'importance dans un discours que l'accent. Nous avons déjà parlé du rôle de l'accent dans la conversation ; l'accent oratoire diffère de celui de la conversation, mais son rôle est plus important. L'accent oratoire est plus psychique, plus subtil, plus variable, il a pour but non seulement de mettre en relief telle ou telle partie du discours, tel ou tel sentiment de l'orateur, mais surtout de transmettre ce sentiment à d'autres personnes. Il indique, en remontant et en redescendant, les sensations successives et instinctives, l'émotivité

---

1. *Orator*, chap. LIV.

de l'orateur ; sans l'accent, la sensation transmise paraîtrait sans vie, froide [1].

L'accent et la voix rendent les paroles sensibles, les convertissent, pour ainsi dire, en mouvement. « Pour parler avec pureté, il ne suffit pas de n'employer que des mots dont personne ne puisse raisonnablement contester la latinité... mais il faut encore savoir gouverner sa langue, sa respiration et jusqu'au son de sa voix [2]. » L'accent, les intonations de la voix [3], la diction, l'articulation, les gestes, la

1. L'accent oratoire diffère suivant les époques et les diverses classes sociales. Chez le peuple, il est plus intensif, mais moins nuancé, le verbe est haut, la voix éclatante ; le ton de la colère, celui de l'amour, celui de la plainte sont totalement différents ; seulement chacun d'eux est toujours identique, tant que dure la colère, tant que se manifeste l'affection, sans gradation et interruption. Au contraire, dans les classes lettrées, la violence est moins grande, mais les degrés sont infinis, les modulations sont nombreuses et expressives. Il en est ainsi pour le geste. Jusqu'à la première moitié du XIXe siècle, les prédicateurs, les orateurs, les avocats ont employé, en même temps que les gestes exubérants, des éclats de voix marquant des mots et des propositions tout entières, ils ont fortement accentué l'accent oratoire, faisant consister celui-ci en énergie et intensité. Depuis, cet art a pris une nouvelle direction, la voix ne se renforce plus, elle se nuance, les éclats ont disparu, les modulations se sont remplacées ; mais l'accent demeure avec son rôle. (Voy. R. de la Grasserie, *Du langage subjectif*, p. 168 ; Paris, 1907.)

2. Cicéron, *De Oratore*, Lib. III, XI. (Atque, ut latine loquamur, non solum vivendum est... sed etiam lingua, et spiritus, et vocis sonus est ipse moderandus.)

3. Stricker remarque que les individus qui ne cultivent pas leur langage dans des buts artistiques ne reconnaissent généralement aucune importance à la formation de la voix ; ils n'ont d'ordinaire aucune conscience de l'effet particulier que produit la voix indépendamment des paroles. Même les instituteurs, qui enseignent professionnellement leur langue, ne se donnent aucune peine en

mimique, autant de procédés qui soutiennent la
parole articulée. Tout cet apanage de l'éloquence
contribue non à faire naître la conviction, mais à
éveiller la sensibilité chez les auditeurs, à les émouvoir, à les entraîner. La pensée même est convertie,
chez l'orateur, en une sensation pour devenir communicable. Depuis le cri jusqu'aux plus légères
inflexions de la voix, depuis la mimique du visage
jusqu'aux gestes les plus larges, tout, chez lui, est
émotion, tout tend à éveiller, à suggestionner la
sensibilité de ceux qui l'écoutent.

L'art d'émouvoir est plus puissant que l'art de
persuader. C'est l'émotion, vraie ou simulée, de
l'orateur qui émeut et non le sujet de son discours.
« On aura beau nous présenter des images aussi
pathétiques que possible, nous ne serons jamais
bien sûrs que cela soit arrivé : ce spectacle imaginaire ne nous donnera qu'un semblant d'émotion ;
avec des larmes dans les yeux, voilà quelque chose
de bien réel, qui nous émeut par une sorte de choc
en retour du sentiment, et du même coup nous
convainc de la réalité du fait. Tout l'art de l'orateur

---

vue de cultiver leur organe. Il en est autrement des acteurs.
Une articulation claire et distincte a pour but d'éveiller dans les
auditeurs les représentations motrices des mots, de faire comprendre ces derniers. Mais l'effet artistique de la parole dépend
de la voix. Ce n'est pas par la seule compréhension des mots que
l'acteur émeut son auditoire, mais par la voix qu'il fait sortir de
son larynx. (*Du langage et de la musique*, p. 112, trad. fr. par
Schwiedland ; Paris, 1885. Studien über die Sprachvorstellungen,
Wien, 1880.)

est de produire ses sentiments au dehors ; de les manifester par les signes les plus expressifs ; et surtout, c'est la chose essentielle, de les mettre dans sa voix. Notre voix, c'est ce qu'il y a en nous de plus intime, de plus profondément individuel ; selon notre tempérament, notre caractère et nos passions du moment, elle prendra un timbre doux ou mordant, grave ou aigu, pur ou éraillé, vibrant ou sourd. Et c'est ainsi ce qu'il y a en nous de plus expansif. Avec notre voix, nos sentiments prennent une sorte de résonance matérielle : ils vont directement frapper l'auditeur. La voix qui parle n'agit pas seulement sur l'auditeur par le sens des mots prononcés, mais aussi par son expression musicale [1]. »

Par l'effet de la tension nervo-motrice, la parole acquiert un certain rythme qui exerce une grande influence sur l'auditeur. Celui-ci n'a pas conscience de subir cette influence, souvent irrésistible : il n'est pas libre psychologiquement ; l'orateur ne s'occupe pas de son niveau intellectuel, mais de son état affectif, de ses tendances, de ses goûts, de ses sympathies et antipathies. Pour l'orateur, l'avocat, l'homme politique, le plaidoyer n'a qu'un but : émouvoir, entraîner ; il s'adresse surtout aux sentiments de l'homme pour les dominer, les subjuguer. « Dans toutes les conversations, dit Ribot [2], discussions

---

1. P. Souriau. *La suggestion dans l'art*, p. 254; Paris, F. Alcan.
2. *La logique des sentiments*, pp. 118 et 121; Paris, F. Alcan.

morales, politiques, religieuses, sociales, le tribun qui soulève les masses, le prédicateur qui réchauffe le zèle des croyants, l'avocat dans les causes criminelles, il ne s'agit que des éléments effectifs qu'il faut émouvoir. La charpente intellectuelle est frêle, seuls les sentiments se font la part du lion par nécessité. » Plus loin, Ribot fait observer que la marque de l'éloquence est l'emploi du style *figuré*, « œuvre de l'imagination et de l'émotion, comme tel exclu de la démonstration rationnelle : comparaisons, métaphores, prosopopée, hyperbole, ironie ou plaisanterie, insinuations, exclamations, apostrophes, interrogation qui lance dans le vide, etc. ; ces moyens et d'autres, quelle que soit leur valeur littéraire, expriment moins des états intellectuels que des états de sentiments ; leur force est dans le facteur affectif qu'ils contiennent ; ils agissent non par preuves, mais par suggestions. » Plus l'auditoire est nombreux, plus rapides et plus fortes sont ces suggestions. Les orateurs comme les comédiens aiment les salles bien remplies et ont en horreur de jouer ou de discourir devant un public clairsemé.

Dans toute assemblée on trouve des hommes capables de réflexion et de critique, mais, réunis, chacun perd ses qualités propres, son individualité, se laisse suggestionner et devient une parcelle, un élément du groupe où il se trouve.

Le lecteur peut réfléchir à ce qu'il lit, en silence ;

il peut comparer, analyser; l'auditeur n'a pas le temps de réfléchir et s'il n'a pas la volonté de fuir, il est obligé de s'abandonner à la suggestion qui se dégage de l'assemblée électrisée; le discours même, le plus souvent, il ne l'entend pas ou l'entend mal, ce qui ne l'empêche pas d'en parler, après, comme s'il n'avait perdu aucun mot de l'orateur.

Plus les accents de l'orateur sont émouvants, plus il est applaudi. Il est difficile de résister à une émotion qui paraît ardente, vive et spontanée, à un murmure ou à un frémissement qui s'échappe des lèvres des auditeurs. Les réactions de la sensibilité n'ont pas le temps de se concentrer dans l'intelligence.

Dans tout Parlement, une passe d'armes, purement verbale, entre deux adversaires politiques est, pour l'assemblée, un régal plus apprécié que la question la plus vitale pour le pays. On fait moins attention à ce que dit l'orateur qu'à *comment* il le dit. Moins une phrase a de sens, plus elle est accueillie avec faveur. Certains mots creux, ne résistant pas à l'examen de la vérité objective, mais admis, classés, bien dits, bien lancés, obtiennent toujours de grands succès.

Dans l'intérêt des illusions humaines, il aurait fallu ménager certains mots, ne s'en servir que dans de grandes occasions exceptionnelles, car en les prononçant trop souvent, on les affaiblit, on les rend inutiles, on leur enlève toute valeur morale.

2. — L'éloquence entraîne, mais ne retient pas ; elle est irrésistible, elle domine, elle n'est jamais décisive ; elle fouette comme une brise, elle ne pénètre pas ; les sensations qu'elle éveille avec effervescence, s'effacent rapidement, sans laisser de traces. C'est le son de la parole et non le sens, c'est le signe et non la chose signifiée qui en impose momentanément, non seulement à la multitude, mais aux plus instruits. Ceux qu'une parole enflammée entraîne, se calment bien vite.

L'orateur, au fond de lui-même, s'il est plus ou moins sincère, a conscience de la fragilité des résultats que son discours est capable d'obtenir. Il ne l'avoue pas, mais il sait qu'il ne peut pas prendre au sérieux les paroles qu'il prononce, que ces paroles entraînantes, puissantes quand on les écoute, perdront tout leur effet aussitôt qu'il aura cessé de parler.

Sans doute, il est des orateurs d'une robuste santé morale, il est des discours qui sont faits par des esprits indépendants et supérieurs, par des intelligences convaincues et croyantes, mais la plupart émanent de verbomanes sans personnalité. Pour les uns, c'est une façon de se calmer : on aboie souvent très fort pour ne pas être obligé de mordre ; pour les autres, c'est faire triompher, momentanément, des affirmations auxquelles ils ne croient guère.

Dugas[1] estime que le scepticisme de l'orateur se développe en même temps que son talent, qu'au plus fort de ses tirades, alors qu'il paraît être et qu'il est, à sa manière, le plus fortement ému par les accents de sa propre éloquence, l'orateur sent pourtant la duperie des grands mots qu'il emploie. « Parfois même, dans son regard, un éclair de malice souligne ses effets; il s'interrompt pour se railler. La tirade achevée, l'effet obtenu, pour peu qu'il soit doué de réflexion, il juge son art, comprend qu'il est un jeu, revient lui-même de ses triomphes, en mesure la portée, en détermine le sens et la valeur. Il entre en défiance de la parole, pour avoir reconnu la séduction qu'elle exerce sur lui-même et les autres. D'ailleurs, il ne renonce pas pour cela à son art; au contraire, il s'y perfectionne, s'y complaît. La parole est un excitant dont il a besoin pour penser. A mesure que la parole devient plus aisée, plus souple, elle se surveille moins, elle se porte plus souvent en avant de la pensée, elle est plus osée, plus téméraire. Elle ne prend pas impunément conscience de son pouvoir, elle en abuse, elle s'affranchit de la vérité objective et de la vérité sociale ou de l'opinion; elle devient sophistique,

---

1. *L'absolu*, p. 45 et suiv.; Paris, F. Alcan, 1904.

effrontée, cynique. La parole se prenant elle-même pour fin, c'est là un principe d'immoralité et de mensonge. Quand le critérium de la valeur des idées n'est plus leur vérité intrinsèque, mais leur action sur les esprits, leur force suggestive ou fascinatrice, alors le jugement se corrompt. Les sentiments élevés n'apparaissent que comme des mots à effet, des phrases à panache; on n'en examine point la nature, ni la provenance, on en joue, on les exploite. Les esprits qui s'abaissent à penser ainsi ne sentent pas venir leur dégradation ; ils ne la sentent pas non plus toujours quand elle est venue. Ils n'ont pas calculé ni même prévu le mal qu'il leur arrive de faire. Ils seraient les premiers à dire que les mots ne sont que des mots, qu'ils ne tirent pas à conséquence » ; pour eux, peut-être, mais pas toujours pour les autres. La célébrité des beaux parleurs est éphémère, on les applaudit, on ne les suit pas, mais on respire le parfum, souvent dangereux, de leur talent verbeux.

Les grands orateurs emportent avec eux, en mourant, souvent en descendant simplement de la tribune, leur succès, leur prestige, leur œuvre. Il y a parmi les orateurs des hommes de haute valeur pourquoi ne reste-t-il, après eux, qu'un peu de bruit ? C'est que leur ardeur, même quand elle est sincère, est trop bruyante pour être durable. On écoute, on se passionne pour leurs discours, on ne voit pas leur effort actif. Leurs combinaisons verbeuses sont trop ingénieuses, trop fragiles, trop superficielles et trop intéressées pour être mises en pratique. Les uns tombent tout de suite sous le ridicule et dans l'oubli, les autres montent très haut, tombent à leur tour et disparaissent au milieu de l'indifférence générale.

Les grands orateurs sont rarement de grands écrivains. Il en est qui n'ont jamais rien écrit. C'est que pour écrire et pour publier, à moins d'être un graphomane ou un écrivain d'affaires qui fabrique et lance ses livres comme on fabrique et lance un produit pharmaceutique, il faut être censé avoir quelque chose à dire, surtout quand on jouit déjà d'un certain prestige. Le manque d'idées, les irrégularités de l'association des idées, certaines morbidités psychiques, s'atténuent dans le langage articulé, adroitement et invisiblement, souvent même pour l'oreille très exercée ; au contraire, tous les défauts et toutes les irrégularités de l'association des idées, de l'activité psychique, l'absence des idées, l'absence de la sincérité se révèlent clairement et nettement dans le langage écrit. Tous les psychiatres constatent que les imbéciles loquaces et bavards deviennent prudents dans leurs écrits et si dans la conversation ils ne mesurent pas leurs paroles et lâchent un mot irréfléchi, ils font tous leurs efforts pour être prudents en écrivant, car ils connaissent toute l'importance des documents écrits.

L'éloquence tue l'action. Nulle part la parole ne masque mieux et plus souvent le misonéisme, — dont nous avons parlé dans le troisième chapitre, — que dans les Parlements où, pour éviter des efforts, on redoute les nouveautés et les changements sérieux et où le mot même d'*évolution* est considéré comme synonyme du mot *danger*. L'éloquence n'est pas un acte, mais un art, un art inférieur. Les orateurs ne sont pas de purs artistes, mais des artistes décorateurs. La pensée leur échappe, et ceux qui aiment la forme ne l'aiment pas pour elle-même, mais pour son utilité captivante.

Certaines tendances, certains indices dont il serait parfaitement inutile de s'occuper ici, portent à croire que l'utilitarisme de l'art oratoire ira toujours en s'affaiblissant. Son influence dans l'évolution des idées et de la civilisation diminuera de plus en plus, pour disparaître à jamais. Dans l'avenir, l'art oratoire se réfugiera dans le cirque, — sa vraie place. On y ira entendre un orateur célèbre comme on y va voir un clown, un jongleur, un phénomène, et l'on se laissera bercer par les rythmes vains qui paraîtront délicieux à l'oreille et ne diront rien à l'esprit. On ira écouter un charmeur de foules par la parole comme on va voir un charmeur de serpents par le regard.

II

Il y a dans toute verbomanie, dans toute éloquence un élément mécanique et aveugle. L'homme, habitué aux mouvements de la parole, finit par les exécuter facilement, librement ; avec le temps, ils deviennent si aisés qu'ils finissent par prendre le caractère de mouvements inconscients, mécaniques.

Carré de Montgéron[1] constate que la bouche des orateurs prononce une suite de paroles indépendantes de leur volonté, en sorte qu'ils s'écoutent eux-mêmes comme les assistants, et qu'ils n'ont conscience de ce qu'ils disent qu'à mesure qu'ils le prononcent.

Il est certain que l'automatisme joue un très grand rôle chez les orateurs. Mais quel est leur état psycho-physiologique ? La documentation scientifique est absolument nulle sur ce point. La documentation littéraire a été écartée de cet ouvrage. On ne peut se plaindre que la part faite dans la littérature contemporaine à la description des phraseurs soit insuffisante. Mais, à bien peu d'exceptions près, les auteurs nous offrent des types purement imaginaires ; ou bien, s'ils tracent des portraits plus ou

---

1. Cité par Dugas, *la Timidité*, p. 47 ; Paris, F. Alcan.

moins véridiques, ceux-ci représentent ce qu'on
pourrait appeler les monstruosités de la verbomanie.
Ne voulant pas sortir du domaine scientifique, nous
n'avons pas cru nécessaire d'utiliser cette documentation.

L'une des formes traditionnelles de la méthode de
psychologie scientifique : l'enquête basée sur l'auto-
observation ne nous a, naturellement, pas donné
de résultats appréciables [1]. Le procédé de l'auto-
observation serait parfait, si les personnes auxquelles il s'applique, pouvaient nous donner des
réponses impersonnelles, si elles étaient capables
d'établir elles-mêmes un pronostic et de faire une
auto-analyse minutieuse de tous les symptômes
capables d'éclairer le psychologue et le médecin,
car, le plus souvent, ce n'est pas un symptôme
unique qu'il s'agit de déterminer et de préciser,
mais un ensemble symptomatique. Les premiers et
les plus indispensables éléments de l'auto-observation sont les facultés de réfléchir, de comparer,
facultés rares en général et qui manquent presque
totalement aux verbomanes.

Préférant la *qualité* à la *quantité*, ce qui est très
sage en psychologie, nous nous sommes adressé à
cinquante orateurs, notamment hommes politiques
et avocats, appartenant à diverses nationalités, mais

---

1. Voy. Ossip-Lourié, *La philosophie russe contemporaine*, 2° partie,
Psychologie, chap. IV, pp. 153-155; 2° édition; Paris, F. Alcan.

leurs réponses sont tellement évasives qu'il serait
anti-scientifique d'en déduire une conclusion quelconque. La méthode déductive, en psychologie, a
son charme, mais on en abuse terriblement. Déduire
des lois d'un certain nombre d'observations non
contrôlées est très facile, mais cela n'a rien de
scientifique. Un fait à noter. Un homme peu cultivé,
dès qu'il comprend la question qu'on lui pose,
s'il est capable d'y répondre, répond nettement.
L'homme instruit est trop civilisé pour ne pas dissimuler la vérité et masquer sa réponse; il s'observe,
d'ailleurs, avec une idée préconçue.

D'une manière générale, on peut dire que chez
presque tous nos orateurs enquêtés on constate, à
l'époque où ils sont appelés à discourir, des excitations des centres nerveux, une modification dans
toutes les fonctions de leurs organes ou appareils
de la vie, surtout dans leurs fonctions digestives ;
ils ont des nausées, de la constipation, de la diar-
rhée. Beaucoup — trente-deux — souffrent d'insomnie, de lourdeur de tête, surtout les jours qui
précèdent leurs joutes oratoires. Chez vingt-sept, le
jour même de leur discours, souvent la veille, la
température varie entre 38° et 39°. Plusieurs ont
besoin de prendre une douche et de se faire masser
immédiatement après avoir parlé, « pour ne pas
tomber malade ». Dix-huit orateurs nous ont avoué
se préparer à prendre la parole en public par une

agitation, une exaltation intérieures. Les uns sont
« nerveux avant, mi-conscients pendant, ahuris
ou abattus après le discours ». Les autres, avant
de prendre la parole en public, « éprouvent une
dépression, une anxiété, un malaise; plus le moment
de parler approche, plus la dépression augmente,
mais pendant et après le discours ils éprouvent un
véritable soulagement, une sensation de bien-être ».

Quant à l'observation simple, extérieure, elle, non
plus, n'est guère aisée. L'orateur verbomane se
soustrait à l'observation de l'œil le plus exercé et le
plus attentif ; il ne se montre jamais le même, sous
un petit nombre de traits faciles à saisir. Dans la
méthode d'observation extérieure, comme dans tous
les autres procédés, le rôle personnel du psychologue et celui du médecin gardent toujours toute
valeur.

Nous esquisserons quelques observations typiques,
quelques traits caractéristiques que nous avons pris,
pour ainsi dire, d'après nature ; nous n'en tirons
aucune déduction.

D'abord deux remarques.

Presque tous les orateurs aiment à parler dans
un silence de chapelle. Quand ils s'aperçoivent que
l'attention des auditeurs s'égare, ils deviennent nerveux et irritables à l'excès.

L'hypertrophie de l'orgueil chez les verbomanes,

— nous en avons déjà parlé[1], — amène chez eux, notamment chez les orateurs politiques, l'idée de persécution ; chez certains, elle prend la forme d'une véritable obsession. Ils se considèrent comme des hommes très importants, capables de jouer un rôle dans l'histoire, de réorganiser la société : *c'est pour cela qu'ils ne sont pas aimés, mais haïs, persécutés*. On nous a fait connaître quatre députés que leurs amis ne laissent jamais monter à la tribune, tellement leurs discours sont incohérents. Ces verbomanes se plaignent d'être persécutés : on les empêche d'expliquer leurs idées, leurs conceptions hardies, capables de régénérer le pays.

Traits caractéristiques :

L... Pendant son discours, son visage pâlit et rougit alternativement, il se couvre de sueur ; ses mouvements respiratoires sont profonds, fréquents, saccadés ; sa voix, basse ou douce au début, devient sonore, tumultueuse, elle s'altère par moments pour s'élever. L'orateur a des palpitations du cœur et, parfois, des vertiges.

M... Sa respiration est ordinairement laborieuse, saccadée et la parole brève, sèche. Dès qu'il est à la tribune, sa respiration est plus aisée, sa voix se modifie, elle est plus souple, elle monte mieux, sa parole est moins dure. « Plus je m'oublie, dit-il,

---

1. Chap. III.

plus ma parole devient ruisselante et coulante. »
D'un caractère très emporté, il se met souvent dans
de violentes colères.

N... Un émotif, sujet à des colères impulsives, à
des crises d'exaltation et qui, selon son propre
aveu, « passe souvent par des états voisins de la
dépression mélancolique ». Avant de prendre la
parole, il a le frisson, une sorte d'étouffement,
d'angoisse, un malaise corporel indéfinissable, sans
localisation nette, mais dès les premières phrases
sorties de sa bouche, des bouffées de chaleur lui montent au visage, il se sent transformé et n'a qu'un
seul désir : parler et se faire applaudir.

O... Député, il n'aime pas, *a priori*, parler en
public, mais cela est chez lui « une véritable nécessité
physique ». Il lutte souvent contre les paroles qu'il
sent monter et prêtes à s'échapper de sa bouche. La
lutte est douloureuse, mais l'impulsion de parler est,
généralement, plus forte que la volonté. Quand des
mots et des phrases s'échappent de ses lèvres, il est
comme délivré de l'effort pénible de résistance, il
est soulagé. Après le discours, il a en horreur d'être
félicité par ses collègues et éprouve le besoin de
fuir l'assemblée.

P... Inquiet et morose, distrait et indifférent
quand il ne parle pas, quand surtout il ne discourt
pas, il est, pendant qu'il parle, d'une très grande
mobilité nerveuse. Il éprouve des émotions sans

cesse renaissantes, des réactions vives, plus étendues
que profondes. Une grande disposition aux douleurs
névralgiques. Son teint est pâle, la circulation est
inégale, l'ensemble de la constitution est délicat.

Q... Névropathe enclin à la contradiction. Quand
il discourt, son œil est fixe et semble ne rien voir,
ne quittant pas le point imaginaire où il paraît être
rivé. Si on l'interrompt, son regard se porte sur
divers points à la fois. Un air de ravissement, d'exaltation succède rapidement sur son visage à la tension pénible. Il ne sait jamais ce qu'il pense, mais
il est toujours sincère. Orateur très écouté, jamais
suivi.

R... A l'état ordinaire, le calme et l'indifférence
de ses traits disent à l'observateur l'inertie de l'intelligence et la pénurie des idées. Lorsqu'il est à la tribune, ses traits plus ou moins contractés, empreints
d'un cachet de préoccupation intérieure, de souffrance, expriment la nature pénible des sensations
internes que l'orateur éprouve.

S... Le tempérament riche pèche par excès d'opu-
lence. L'intelligence est prompte, facile à se payer
de lumières douteuses. Imagination splendide, d'une
splendeur qu'on souhaiterait parfois plus adoucie,
plus voilée, d'une splendeur qui éblouit, mais dont
l'éclat est brusque et, pour ainsi dire, peu continu.
Sensibilité mobile, impétueuse, expansive ; hardiesse

provocante, paradoxale. Mouvements et gestes brusques. Mobilité excessive du regard.

T... Son visage exprime le désespoir ou la joie, le regard est dominateur ou hagard, les battements du cœur sont accélérés, la respiration est embarrassée, le pouls trop fréquent, les mouvements sont rapides et brusques. Un manque surprenant d'hésitation et de doute. Un état constant de certitude.

U..., Les mots, sur ses lèvres, passent, vifs et pressés comme dans un tourbillon, ou roulent en cascade les uns sur les autres, avec un bruit de moteur d'automobile. Le visage est fiévreux, le regard mobile, la voix est changeante: grave et sonore, caressante et persuasive, toujours chaude ; dans les moments les plus pathétiques, elle atteint des notes musicales et vibrantes. « Je ne crois jamais à ce que je dis à la tribune, mais je sais avoir l'air d'y croire ». Cet aveu caractéristique est textuel.

V... Un impulsif irréfléchi, irascible, capricieux, fantasque, grossier, brutal. Son langage est passionné, fougueux et ardent, mais il ne se donne jamais le temps de se rendre compte de ses paroles. Son attention, pendant qu'il discourt, est flottante : nous nous sommes demandé souvent si elle est en dépendance d'excitations internes. Il ne monte jamais à la tribune, il s'y précipite. Il arrive à se duper lui-même et à s'en imposer ; son attitude s'adapte à son

langage. Il s'illusionne et suggestionne les autres
jusqu'à leur faire oublier la terre ferme, jusqu'à les
aveugler complètement. On l'écoute avec plaisir,
mais on est très content quand il termine, on a la
sensation d'un réveil agréable.

W. Cette observation est particulièrement intéressante, car elle pose le troublant problème de la
contagion de la verbomanie. W... est médecin dans
une petite ville du Nord. 49 ans. Antécédents héré-
ditaires nuls. Il parle peu, dans la vie courante, et a
une tendance très forte à manger les mots. Il a en
horreur de se produire en public et, lorsqu'il ne
peut éviter de le faire, il tâche d'en finir au plus
vite pour ne pas occuper trop longtemps l'attention
des autres. Il s'explique précipitamment, d'une voix
sans timbre et sans expression, à mots entrecoupés,
rapides, saccadés, hachés de brusques inspirations.
Calme, paisible, timide même dans la vie journalière,
il est énervé, impatient, dès que les circonstances
l'obligent à prendre la parole en société. Il n'a jamais
voulu faire partie du conseil municipal de sa localité,
où il est très estimé comme médecin.

Or, aux élections législatives de 19..., la lutte
entre les deux candidats des partis extrêmes, étant
excessivement vive, les électeurs, presqu'à la veille
du scrutin, viennent offrir à leur médecin un siège
au Parlement. W... est élu. A la chambre, dès les
premières séances, il est transformé : il est pris d'un

désir irrésistible de se produire, de paraître à la tribune, de discourir. Les premiers temps, il bégaye,
il bredouille ; aussitôt qu'il s'en aperçoit, il s'effraye,
se précipite, termine son discours et... dès la première occasion, il redemande la parole. « Pendant
toute la législature, nous raconte le médecin, j'ai
utté contre moi-même, contre mon obsession irrésistible de prendre la parole, dans toutes les circonstances, et de la garder longtemps. J'étais la risée de
mes collègues et je comprenais parfaitement l'ineptie
et le non-sens de mes interruptions et de mes discours : il m'était absolument impossible de faire
autrement : la contagion était trop puissante. Peu de
cerveaux sains, équilibrés dans tous leurs tenants
et aboutissants résisteront à l'imprégnabilité d'une
telle atmosphère. » Aux élections suivantes, W...
déclina toute candidature, « pour ne pas devenir
fou ».

On peut accepter comme indiscutable l'action
d'une sorte de contagion et d'une espèce d'inocula-
tion par le contact moral d'un individu, surtout
d'un milieu, atteint du virus de la verbomanie.

Voici une autre observation du même genre.

X..., trente-neuf ans, n'a aucun antécédent pathologique héréditaire dans la ligne maternelle ; mais,
du côté paternel, on relève des faits significatifs.
Sa grand'mère paternelle avait des crises nerveuses,
un de ses oncles s'est suicidé. Après avoir fait ses

études secondaires dans un lycée du centre de la France, X... vient à Paris, à l'âge de vingt-deux ans, et s'inscrit à la Faculté des sciences. L'année suivante, il assiste à une réunion politique publique. Les orateurs produisent sur lui une impression très vive qui se traduit par une agitation nerveuse. « Je rentre chez moi, raconte X... lui-même, me couche, reste immobile, une sorte de stupeur m'envahit. »

Trois jours après, il retourne à une autre réunion, demande la parole, monte sur l'estrade, mais ne peut prononcer un seul mot, descend sous les rires sarcastiques des auditeurs. Pendant une quinzaine de jours, X... reste dans un état de trouble général d'idées et de sensations; il est calme, raisonnable, mais il est hanté d'une idée fixe : parler en public. Il se met à fréquenter les réunions publiques, s'exerce à discourir, abandonne ses études, change plusieurs fois d'opinions politiques et, depuis quinze ans, se présente régulièrement et vainement à toutes les élections municipales et législatives.

C'est l'un de ces verbomanes maniaques dont le nombre est immense. Aidés par les circonstances, ils peuvent monter très haut dans la hiérarchie sociale, jouer un rôle considérable. Grâce à leur place privilégiée dans la société, ils sont très aptes à répandre le virus de la verbomanie qu'ils portent en eux. La transmission de la verbomanie est fréquente.

III

L'imitation est un instinct. On le rencontre chez divers animaux, chez les enfants, chez les imbéciles, chez les idiots, chez l'homme sain [1]. Cet instinct porte à imiter uniquement pour imiter. Nous imitons aussi par un motif d'intérêt. Dès que nous nous apercevons que tel ou tel acte est avantageux à son auteur, nous l'imitons, nous tâchons de faire de même dans le but d'obtenir le même résultat. Enfin, toutes les manifestations instinctives, bonnes ou mauvaises, de l'esprit humain ont la capacité d'éveiller les mêmes manifestations instinctives chez les témoins de ces premières manifestations. Le mot *contagion*, est, dans ce cas, selon Despine [2], parfaitement adopté. L'homme, dès son enfance, est livré naturellement à la contagion et à l'imitation, et lorsque ces deux facultés, qui n'en font souvent qu'une seule, ont été mises en branle, il devient une véritable machine à reproduction.

1. Faut-il rappeler les moutons de Panurge? « Panurge, sans aultre chose dire, jecte en pleine mer son mouton criant et bellant. Tous les aultres moutons, criant et bellant en pareille intonation, commencèrent soy jecter et saulter en mer après à la file. La foule estoyt à qui premier y saulteroyt après leur compaignon. Possible n'estoyt de les en garder. Comme vous sçavez estre du mouton le naturel tousjours suivre le premier quelque part qu'il aille. » Rabelais, *Pantagruel*, liv. IV, chap. VIII.

2. *De la folie*, p. 62; Paris, 1875.

Le principe de la contagion morale n'est pas nouveau ; tous ceux qui ont étudié les faits moraux ont reconnu l'existence de cette contagion, et ce problème est l'un de ceux qui mériteraient la plus sérieuse attention. D'autre part, la contagion mentale, la contagion psychique, qui s'opère entre les hommes réunis lesquels se suggestionnent mutuellement, par la conversation, le discours, la musique, est aussi démontrée que la contagion morale.

Les actes d'ordre psycho-moral, inspirés par les sentiments, les passions, les instincts, éveillent chez les personnes susceptibles ou prédisposées, témoins de l'accomplissement de ces actes ou qui en ont simplement pris connaissance par la lecture, la conversation, etc., le désir d'accomplir les mêmes actes. La contagion psycho-morale est, pour ainsi dire, la base de la pédagogie et de l'éducation.

La contagion de la verbomanie se rattache précisément à la contagion psycho-morale. Ce fait est indéniable, il se manifeste à chaque instant, aux yeux de l'observateur attentif, mais passe souvent inaperçu, vu le peu d'importance qu'on y attache. Un crime suggéré par le grand retentissement d'un crime est un fait social trop palpable pour passer inaperçu, mais les sentiments, les idées morbides suggérés par un discours entendu et mal compris, laissent froids ceux mêmes qui sont capables d'en comprendre l'importance.

Il n'y a rien de plus contagieux que la verbomanie, elle est contagieuse dans son essence même. Le langage à base émotionnelle est un réflexe d'imitation, il a un pouvoir contagieux surprenant.

En 1841-1843, en Suède, dans les provinces de Smaland et de Vestergotland, sévit une épidémie désignée par les médecins suédois sous le nom de *predikosjuka* (maladie de prédication) et dont la symptomatologie offre de grandes analogies avec la verbomanie. Le premier cas fut constaté chez une jeune fille de seize ans. Elle commença par lire à haute voix, puis par psalmodier des cantiques et, enfin, se mit à prêcher et à discourir devant des dévots. Bientôt, par contagion, les cas se multiplièrent et se répandirent avec rapidité. En peu de temps, dans le diocèse de Skara, environ trois mille personnes furent atteintes de verbomanie mystique. Même chez des individus peu cultivés on constatait une facilité paradoxale de l'élocution. Grâce à l'intervention des commissions médicales, l'épidémie fut vite enrayée. Par exemple, les rassemblements étaient interdits autour des verbomanes prédicateurs qu'on traita comme des malades [1].

[1] Pour détails voir (Brochure anonyme) : *Sammandrag af nagre inhämtade upplysningar om de ropande Rösterna eller den sa kallade Predigkösjukan i Smaland.* Stockholm, 1843.

Bruns, *Neues Repertorium für die theologische Litteratur und kirchliche Statistik.* 3, Theil. Berlin, 1845.

Le Dr Laurent[1] raconte que pendant son internat à la prison de la Santé, il a rencontré des criminels de presque tous les pays : Allemands, Anglais, Italiens, Russes, Hollandais, Portugais, Flamands, Arabes, Turcs, Persans même. « Qu'un de ces individus lâche un mot étranger, le plus souvent bizarre, aux syllabes étranges, aux voyelles farouches ou lascives, immédiatement la pègre le ramasse et le met dans son vocabulaire à la place d'honneur. »

La manie que certains snobs ont de jeter, sans utilité, dans leur langue maternelle, des mots étrangers, mots de sport dans la langue française ; mots de toilette et de cuisine dans la langue allemande[2] ; mots de toutes sortes, notamment politiques et scientifiques dans la langue russe[3], mots que la

1. *Le criminel*, p. 75.

2. Le petit livre de Hausding (*Die Fremdwortfrage*, Berlin, 1897) contient plus de 6.000 mots étrangers employés en allemand. On en trouve encore davantage dans le vocabulaire de Schimmer, *Algemeines Fremdwörterbuch*, Wien und Leipzig, 1907.

3. La dernière édition du dictionnaire russe d'Efrémov, Moscou, 1911, contient environ 20 000 mots étrangers employés en russe. *Novi polni slovar inostrannich slov voschedschich v rousski iazik.* Sostavil Efrémov.
Les Russes abusent des mots étrangers. Un exemple, entre mille. Prenons, au hasard, une livraison des *Voprossi filossofii i psychologuii* (revue de philosophie et de psychologie paraissant à Moscou). Voici le n° 107 (mars-avril 1911). Les *deux* dernières lignes de la page 186 contiennent *cinq* mots français russifiés, bien entendu : *reactia* (la réaction), *sensoilistitscheskaïa doctrina* (la doctrine sensualiste), *debutirovate* (débuter), *auspitsia* (les auspices). Dans la même revue (n° 106), l'auteur parlant de l'idée constructive et de l'idée destructive dans l'œuvre de Max Stirner, emploie les mots *construouctia* (la construction) et *destrouctia* (la destruction). Or, la langue russe, très riche, possède des

majorité des automates saisissent, pour ainsi dire,
au vol, répètent et adoptent sans aucun examen,
cette manie prouve suffisamment que le phénomène
de contagion observé par le Dr Laurent n'est pas
restreint aux criminels proprement dits.

Un mot nouveau, extraordinaire, absurde, illogi-
que, œuvre du caprice et de la mode, venu on ne
sait d'où, acquiert droit de cité, sans aucune nécessité historique, psychologique ou simplement pratique. La mode linguistique n'est pas, généralement,
aussi imitative et contagieuse que la mode des cha-
peaux, mais elle est, à coup sûr, plus dangereuse.

Les personnes dont la volonté est faible sont très
dociles à la mode de mots dont elles subissent l'influence avec une facilité singulière. Elles acceptent
et répètent, avec la même crédulité, les paroles des
prêtres et des novateurs, les affirmations traditionnelles et réformistes. Les entraînements politiques
qu'elles subissent et la facilité avec laquelle elles se
laissent mener, par des mots, prouvent leur suggestibilité. Les mots seuls les décident à faire partie de
tel ou tel groupement politique dont elles adoptent
les formules qui ne s'accordent nullement avec leur
mentalité réelle.

L'influence imitative et contagieuse du milieu

---

mots dont le sens est parfaitement équivalent à celui des mots
français cités. Les mots allemands et anglais ne sont pas moins
employés.

social, assis, si l'on peut s'exprimer ainsi, sur la
phraséologie, n'est nulle part plus évidente que dans
des assemblées politiques où les passions sont
aiguisées. On est suggestionné par la sensibilité collective qui vous enveloppe. Il s'agit souvent d'une
véritable intoxication verbeuse continue, pareille à
un poison régulièrement absorbé.

Chez les hommes politiques on observe une contagion professionnelle. Les représentants des divers
groupes ont constamment les yeux sur leurs adversaires, pour les imiter ou, s'il y a lieu, les battre
avec leurs propres paroles. L'observation et l'expérience montrent combien le contact de ces verbomanes est contagieux et dangereux pour ceux qui
les entourent, pour ceux qui les écoutent.

Certes, quelques orateurs convaincus rendent
service aux hommes, mais, le plus souvent, les orateurs verbomanes pratiquent l'hypocrisie, la mauvaise foi, l'injustice, l'abus de confiance, le mensonge, la calomnie. Plus sensibles au succès facile
qu'on trouve à flatter et à farder les passions mal-
saines, que conscients de leur action sur les esprits
et les cœurs, peu d'orateurs et d'écrivains connaissent et comprennent leur responsabilité devant l'auditeur et le lecteur.

Sans doute, toutes les victimes de la parole sont
des êtres dont la santé morale est déjà compromise.
L'influence d'un discours n'est, souvent, qu'une

cause occasionnelle de leur démoralisation. Mais
on ne saurait jamais assez insister sur le pouvoir
énorme, souvent décisif, toujours néfaste qu'un
discours mal compris exerce sur l'esprit des hommes,
même ou plutôt surtout sur ceux qui sont déjà en
état de réceptivité d'un élément pathogène moral.

Tout verbomane, grâce au virus de contagion
qu'il porte en lui, est sociologiquement nuisible et
constitue un danger permanent pour la société.
Nous aboutissons ainsi à la question de la responsabilité des verbomanes, question d'une importance
extrême et particulièrement complexe, surtout si
nous admettions que le véritable auteur d'un crime
est celui qui le suggère et le fait commettre et que
lui seul en est responsable.

Quel est l'orateur qui a réellement conscience de
sa mission, qui se préoccupe exclusivement de la
vérité et de l'auditeur, sans se soucier des avantages
personnels de vaine gloire ou d'intérêt mesquin ?
Quel est le maître d'école, le professeur, le conférencier, l'homme politique, le tribun, l'écrivain qui,
avant de parler ou d'écrire, se pose la question de
la responsabilité qu'il assume ?

Comment déterminer juridiquement et même psychologiquement la responsabilité du verbomane ?
Si nous reconnaissions sa responsabilité morale, il
faudrait également reconnaître sa responsabilité
sociale.

En 1875, dans sa thèse d'agrégation, Legroux disait que la situation de l'aphasique, au point de vue médico-légal, ne peut se résoudre, ni se trancher par une formule, chaque cas particulier comportant une appréciation différente, suivant le degré d'altération de la faculté du langage et suivant l'atteinte portée à l'intelligence. Allons-nous trancher par une formule la question de la responsabilité du verbomane ? Sa volonté, nous l'avons vu plus haut, est sinon toujours abolie, du moins, à coup sûr, toujours affaiblie. L'homme résiste souvent inutilement quand il a de la volonté, comment serait-il responsable des paroles qu'il prononce grâce à sa maladie de la volonté ? Comment trouver la zone intermédiaire entre le sain et le morbide, entre le moral et l'immoral, entre le criminel et l'honnête homme ? L'absence de critérium psychologique est ici manifeste.

Le II° Congrès international d'anthropologie criminelle, tenu à Paris en 1889, avait chargé une commission, composée de sept anthropologistes, dont faisaient partie Bénedict, Lombroso, Magnan, Manouvrier, etc., de faire une série d'observations comparatives sur les criminels et les honnêtes gens. Le président du Congrès, le professeur Brouardel, fut de ceux qui émirent des doutes sur l'utilité d'une commission de ce genre. Cette commission, en effet, ne se réunit même pas. Aussi, au Congrès suivant, à Bruxelles, Manouvrier présenta un rapport, en son

nom personnel, sur le sujet proposé par le II⁰ Congrès.
On a bien fait observer que les hommes en liberté
doivent être plus honnêtes que les hommes con-
damnés pour crimes; il se pourrait cependant,
remarque le rapporteur, que la valeur morale de
ces deux catégories d'individus, différât bien plus au
point de vue de la caractéristique légale qu'au point
de vue psychologique. Quand on songe à la multitude innombrable des actes de violence et des vio-
lations volontaires du droit commun qui se commet-
tent chaque jour depuis le sommet jusqu'au bas de
l'échelle sociale, sans parler des actes d'injustice et
de brigandage commis par les sociétés elles-mêmes
sous le couvert des nécessités politiques, religieuses
ou sociales, et dont fourmille l'histoire enseignée à
la jeunesse, on est obligé de se demander si les criminels emprisonnés ne constituent pas simplement
une catégorie de criminels plus facilement saisis-
sable par la loi, plus particulièrement dangereuse,
peut-être, pour la tranquilité publique, et trop
exclusivement sacrifiée, en tout cas, pour assurer à
la loi une sanction indispensable. Grâce à ce tribut
payé à la morale aux dépens des criminels qualifiés
par la loi, les autres peuvent se dire honnêtes gens
par définition légale, et tous leurs actes les plus contraires à la morale reconnue, deviennent alors
péchés mignons, simples incidents de la vie [1].

1. L. Manouvrier, *Rapport présenté au III⁰ Congrès international*

Le problème de la responsabilité, autant que celui
de la zone intermédiaire entre le criminel et l'honnête homme, est terriblement complexe. Les verbomanes ne peuvent être traités ni comme des aliénés
irresponsables, ni comme des raisonnables respon-
sables. L'idée de demi-responsabilité est obscure.
Les délits et les crimes des verbomanes ne sont pas
encore, d'ailleurs, traduisibles devant les tribunaux ;
leur rôle même, vraiment singulier, demeure mé-
connu.

Juridiquement la société ne peut se garantir
contre eux, mais elle peut les combattre moralement
et socialement. L'intervention de la société s'impose,
en tout cas, pour les verbomanes plus encore que
pour les sourds-muets, les aphasiques et les aveugles ;
la nécessité d'une prophylaxie, d'une thérapeutique
spéciale apparaît évidente.

Avant d'aborder ces questions, jetons un coup
d'œil sur la verbomanie chez la femme et à travers
les divers peuples.

d'*anthropologie criminelle*, tenu à Bruxelles en 1892. Bruxelles,
1893.

CHAPITRE VII

LA VERBOMANIE CHEZ LA FEMME

I. — La verbomanie est-elle plus développée chez les femmes que chez les hommes? — Enquête dans les Écoles mixtes. — Les petites filles et les petits garçons. — La conversation chez les jeunes filles. — Le bavardage féminin et le bavardage masculin. — Il y a moins de femmes bègues que d'hommes. — L'imitation et la suggestion chez la femme. — Observations. — Le rôle de la femme dans le double suicide passionnel. — Les femmes aliénées. — La verbomanie chez la femme se rattache à l'hystérie. — La caractéristique de l'hystérique se confond avec celle de la verbomane. — La calomnie chez la femme. — L'esprit d'opposition, de contradiction, de controverse, de persuasion. — La tendance à tromper, à imposer.

II. — 1. Observations : femmes hystériques chez qui l'hystérie se confond avec la verbomanie. — 2. Les femmes laides sont plus verbomanes que les femmes jolies. — Alliée au sensualisme, la verbomanie peut s'élever, chez la femme, au mysticisme religieux. — Il y a peu de réformatrices parmi les femmes verbomanes. — Un cas de *paranoïa reformatoria*. — La femme-avocat. — La femme dans le crime.

I

La verbomanie est-elle plus développée chez les femmes que chez les hommes? *Ubi lingua res geritur, ne septem quidem viri sunt uni feminæ* [1].

1. Erasme : Quand c'est de la langue qu'il faut jouer, même sept hommes ne valent pas une femme.

Nous avons fait une enquête dans les écoles mixtes[1]. La réponse est unanime : les jeunes filles causent et bavardent entre elles bien plus que les garçons. Nous avons eu la même impression en observant, pendant un mois, presque simultanément, un pensionnat de jeunes filles et un pensionnat de jeunes garçons.

C'est généralement aux petites filles qu'on confie les rôles d'enfants au théâtre.

A Rome, pendant les fêtes de Noël, on permet aux enfants de venir débiter à l'église de petits sermons. Sur sept orateurs, il ne se présente guère qu'un garçon, et « la petite fille de quatre ans, qu'on laisse monter en chaire, ravit souvent l'assistance par un discours parfaitement débité, tandis que le jeune garçon de huit à dix ans fait rire le public par sa naïve gaucherie »[2].

Selon Cabanis[3], l'art de la conversation chez les

---

1. La méthode co-éducative qui existe dans certains pays des États-Unis, est peu répandue en Europe. En France, nous avons la célèbre École de Cempuis, fondée en 1880, sous la direction de Paul Robin, et dont le programme pédagogique a été modifié en 1894. En Angleterre, dans le Cumberland, l'école secondaire de Fulnac est mixte, comme l'est aussi la University College, à Londres. L'Écosse possède 95 p. 100 d'écoles primaires mixtes, mais seulement primaires. L'État hollandais subventionne l'enseignement mixte, primaire et secondaire. A Amsterdam, l'école normale est mixte, les jeunes filles et les jeunes gens suivent les mêmes cours. La Russie possède des écoles primaires mixtes. En Danemark, en Norvège, en Suède, la coéducation est répandue.

2. P. Augustin Rösler, *La question féministe*, p. 53.

3. *Rapport du physique et du moral de l'homme*, t. II, p. 9. Édition Baillière ; Paris, 1824.

jeunes filles, « par lequel elles doivent un jour assurer leur empire », commence à leur devenir familier plus tôt que chez les garçons ; elles s'y exercent incessamment, « et ce tact délicat des convenances, qui distingue particulièrement leur sexe », paraît se développer chez elles comme une faculté d'instinct, bien longtemps avant que les jeunes garçons en aient la plus légère idée, longtemps même avant qu'ils aient reçu les impressions qui lui donnent naissance, et senti de quel usage il peut être dans la vie.

Pour Marion [1], psychologue de l'âme féminine, le bavardage de la femme, la langue avec tout ce que ce mot implique : curiosité, indiscrétion, médisance et calomnie, ou simple caquetage, tout cela dérive de la psychologie féminine, aussi bien de la vanité qui veut se faire valoir, que de la sociabilité qui veut être agréable, que de la sympathie qui produit un vrai besoin d'épanchement. C'est un effet aussi du genre de vie et d'occupation, de cette vie relativement oisive qui tient les femmes — les françaises — à l'écart des grands intérêts sociaux et qui laisse l'imagination et la langue libres. Marion reconnaît que l'homme aussi est bavard, cancanier, indiscret, puisqu'il est vaniteux, lui aussi, et sociable, c'est-à-dire plus ou moins expansif et communicatif.

---

1. *Psychologie de la femme*, p. 164 et suiv. ; Paris, 1900.

Il est tout cela presque autant que la femme, dès qu'il est aussi désœuvré et reste étranger à tout grand intérêt spéculatif ou pratique. Mais il ne l'est pas tout à fait de la même manière. Il aime les mêmes cancans, et s'en amuse, mais il n'y attache pas la même importance. Les secrets qui lui pèsent le plus, ce sont les siens propres, mais il sait garder les secrets des autres. S'il y a des femmes qui parlent « avec une volubilité, une flamme, une éloquence même parfois réelle et qui se laissent emporter par un sentiment généreux de pitié et d'indignation », Marion constate que, d'ordinaire, la qualité des paroles s'altère, chez la femme, à mesure que la quantité augmente. Pour pouvoir dire quelque chose, on est en quête de riens piquants, de petits scandales, la curiosité s'excite, devient aisément maligne, la médisance devient une habitude, presque une occupation, on finit par goûter l'âcre plaisir de la méchanceté. « La discrétion est une vertu peu commune chez les femmes. Elles aiment pourtant à avoir leurs secrets à elles, par une disposition qui se laisse voir même chez les petites filles, et elles les gardent assez bien, quoiqu'elles se plaisent à parler tout à l'entour ». Marion croit que, même inoffensive, la loquacité est toujours une faiblesse. Odieuse, quand elle est méchante, ridicule quand elle n'est que vaniteuse, elle oscille entre ces deux extrêmes. Elle fait du mal au bavard, quand elle n'en fait pas aux autres.

La parole de la femme est prompte. Il paraît qu'il
existe bien moins de femmes bègues que d'hommes :
la proportion, d'après les statisticiens, serait d'une
sur huit. La femme passe plus aisément que l'homme
d'une situation à une autre, elle s'adapte plus facilement, elle est plus imitative et plus suggestible que
l'homme.

Mᵐᵉ Y... n'a reçu qu'une instruction primaire,
mais son fils est à l'École des mines. Elle parle de
ses études et de celles de ses camarades comme si
elle en avait des notions précises, positives.

Mᵐᵉ Z... est sans instruction solide, elle ne lit
rien en dehors de son journal, elle ne cesse, cependant, de parler chirurgie, anatomie, etc. : son fils
est étudiant en médecine et il compte se consacrer
à la chirurgie.

Mᵐᵉ AB... ne sait pas un mot d'anglais, mais son
mari est professeur d'anglais dans un lycée, et elle
parle constamment grammaire, devoirs, traductions.

A force d'entendre leur mari ou leur fils parler
mathématiques, chirurgie ou devoirs d'élèves, ces
dames s'en approprient les termes.

La femme est plus susceptible que l'homme de
subir l'influence des paroles. Il y a des cas où les
femmes sont corrompues par les paroles de leurs
amies, de leurs cousines, de leurs sœurs et même
de leur mère. Selon Proal[1], dans le double suicide

1. *Le crime et le suicide passionnels*, p. 77; Paris, F. Alcan, 1900.

passionnel celui des deux amants qui a le plus d'ardeur prend sur l'autre un ascendant considérable par la vivacité de ses sentiments, *par la véhémence de ses paroles* ; en un mot, il le suggestionne, par la vue, *la parole*, le contact, fait taire ses scrupules, ses hésitations, par un mélange de prières, de menaces, de sophismes, et finit par lui faire accepter l'idée du double suicide. Mais ce que Proal n'a pas noté, c'est que dans le double suicide passionnel, c'est généralement la femme qui se laisse suggestionner, il suffit de lire les faits-divers des doubles suicides pour le constater. Proal lui-même rapporte le cas singulier d'un double suicide suggéré par un homme à sa maîtresse qui avait cessé de l'aimer et songeait à se marier avec un autre ; cet homme la supplia de venir le voir une dernière fois ; alors il lui exprima avec tant de véhémence sa douleur de la perdre et son intention de se suicider qu'il la décida à mourir avec lui. La suggestion réciproque — par la parole — du suicide est fréquente entre femmes.

G. Dumas[1] a remarqué, tout récemment, que dans les asiles d'aliénés « les femmes se racontent plus volontiers que les hommes. » Elles aiment à bavarder et à jaser.

La verbomanie, chez la femme, se rattache, plus que chez l'homme, à l'hystérie, sous toutes ses formes

---

1. *La contagion entre aliénés*, in *Journal de psychologie normale et pathologique*, p. 483 ; Paris, 1911.

variables. Nous ne sommes plus au temps où le mot
hystérie, appliqué à l'homme, choquait bien des
pathologistes, même après Charles Lepois, à qui
revient l'héroïsme médical d'avoir affirmé l'existence
d'hommes hystériques (1618). L'hystérie n'est pas
une maladie exclusivement féminine, l'hystérie mâle
est loin d'être une maladie rare. Mais si ce serait
une erreur de croire que l'hystérie soit propre à la
femme, il est nécessaire de constater que c'est une
maladie de femmes par excellence ; non seulement
elle est plus fréquente chez la femme, mais chez
l'homme la symptomatologie même de l'hystérie est
plus uniforme.

Toutes les inventions d'histoires bizarres, avec
des détails singuliers, les dénonciations calom-
nieuses par lesquelles se distinguent les hystériques,
sont du domaine de la verbomanie. La caractéristique même de l'hystérique se confond avec celle
de la verbomane.

L'hystérique est en général égoïste[1], fort préoc-
cupée d'elle-même, désireuse d'attirer sur elle et
sur ses faits et gestes, l'attention de ceux qui l'entourent. Facilement irritable, elle a des colères sans
raison, et aussi des joies sans motif ; elle éprouve
un continuel besoin de quereller et de chicaner, qui
rend souvent la vie difficile à ceux qui vivent dans

1. Clf. Legrand Du Saulle, *Les hystériques*, pp. 202 et 204.

la société habituelle de la malade ; elle est sujette à
des excitations imprévues, à des dépressions non
justifiées. Elle est d'une remarquable versatilité dans
les idées et les sentiments. Elle éprouve des sympathies et manifeste des antipathies aussi soudaines
qu'irréfléchies. Elle manque d'une attention longtemps soutenue et n'a pas de suite dans les idées.
Sa volonté est indécise, capricieuse, fantasque.

Au degré suivant, l'hystérique éprouve davantage
le besoin de se rendre intéressante et d'attirer, sur
elle, l'attention. Elle ourdit volontiers des intrigues
et exécute des tromperies plus ou moins adroitement
calculées. Friande d'esclandres, elle se complaît
dans la médisance et vise aussi bien les parents et
les amis que les indifférents. Elle n'épargne même
pas la calomnie et va quelquefois jusqu'à la dénon-
ciation. Elle ne recule pas devant de faux témoignages, prête de faux serments ou écrit des lettres
anonymes. La calomnie et la médisance vont jusqu'aux trames extraordinaires, qui tendent souvent
à compromettre et à déshonorer les personnes les
plus dignes d'estime. Ce sont les parents, le mari
surtout, qui ont à souffrir de l'étrange état mental
de l'hystérique, le mari auquel on reproche des faits
imaginaires. On fait le plus de scandale possible, on
met en mouvement les avoués et les avocats, lesquels se prêtent trop souvent, sans le savoir, aux
déplorables manœuvres d'une imagination maladive.

La base de tout cela ? L'hystérie et la verbomanie.

Si la calomnie est très répandue parmi les hommes, elle l'est davantage parmi les femmes. La calomnie est l'un des meilleurs moyens de vengeance de la femme. Selon les nombreuses observations de Proal[1], la femme sait cultiver la calomnie dans sa propre famille. Telle femme, par de secrètes calomnies, essaye d'enlever à ses enfants la tendresse que ceux-ci témoignent à leur père. Telle se plaint à ses enfants d'avoir été rendue malheureuse toute sa vie par son mari, elle leur représente leur père sous les plus noires couleurs ; elle l'accuse faussement des vices les plus graves. Représenter comme un bourreau la victime de ses déportements, se poser en victime, elle qui est le vrai bourreau, enlever au père l'estime et l'affection de ses enfants qu'il adore, quelle satisfaction pour une femme inconsciente ! Nombreux sont les cas où le mari calomnié par sa femme, exaspéré par ses perfidies, sent son cœur envahi par une haine violente qui fait un jour explosion, perd la tête, se livre à des violences graves qui provoquent l'action de la justice et finit par se suicider.

Par une étrange contradiction, certaines hystériques qui considèrent la plus légère plaisanterie comme une offense grave, demeurent indifférentes

---

1. *Ouv. cité*, pp. 217-219.

aux malheurs réels, n'éprouvent aucune émotion, par exemple, à la nouvelle de la mort de leur mari.

L'hystérique verbomane se distingue par un intolérable esprit d'opposition, de contradiction, de controverse et de persuasion à tout prix. Il y en a qui sont de véritables enragés dans la controverse ; dans la conversation, on lutte contre leurs assauts d'esprit. Toutes leurs réponses sont passées au creuset de l'analyse et de l'ironie, avec un simulacre de profondeur qui étonne. Legrand Du Saulle cite des cas où les femmes hystériques arrivent à convaincre leurs maris de la vérité de toutes leurs affirmations inventives et à les entraîner dans leurs mensonges. Tous les neurologistes posent en principe que quand on se trouve en présence d'une hystérique et qu'on cherche à étudier, dans leurs multiples aspects et leurs modalités variées, les symptômes complexes de la névrose, il est un fait que l'observation ne doit pas perdre de vue, c'est cette tendance à tromper, à en imposer à l'entourage, tendance commune à la plupart des hystériques et des verbomanes.

II

1. — Nous trouvons chez Esquirol[1] deux observa-

1. *Ouv. cité*, t. II, pp. 51-53.

tions de femmes hystériques chez qui l'hystérie est nettement liée à la verbomanie.

Mme X..., vingt-trois ans, d'un tempérament nervosanguin, d'une grande susceptibilité, irritable, un mot la met en colère ou la fait pleurer; elle néglige son mari, parce qu'il la contrarie... Elle ne cesse de parler contre lui, elle l'accuse de mille torts qu'il n'a pas; inconsidérée dans ses propos, elle révèle des secrets qu'une femme tient ordinairement cachés... Ses parents veulent-ils lui faire quelques représentations, elle se fâche et prétend qu'on la calomnie. Elle a de fréquents maux de tête, de l'insomnie, de la constipation; les menstrues coulent mal, des coliques habituelles sont plus fortes aux époques menstruelles, quelques symptômes hystériques compliquent cet état... La malade est mécontente de tout, raconte aux uns et aux autres mille faits controuvés, mille calomnies, cherchant à répandre le mécontentement, la mésintelligence et le désordre; il semble que le démon du mal inspire ses paroles... Si la malade est en société, elle se compose avec tant de soin, que les plus prévenus la croient bien portante; elle prend part à la conversation et, flatteuse, dit des choses obligeantes aux personnes de qui elle a mal dit dans la matinée ou la veille...

Une autre malade, Mme C..., quarante neuf ans, croit avoir une intelligence supérieure et être victime de l'ignorance de son mari qui, n'entendant rien aux affaires, aurait été ruiné sans elle. Elle le contrarie, l'injurie et finit par le prendre en aversion. Ses affaires, son ménage, ses enfants sont négligés. Elle va, vient en tous lieux, *fatiguant tout le monde par sa loquacité* et par ses prétentions. Elle répète même à des étrangers ses plaintes, ses projets, ses espérances. Mécontente de tout ce qui est chez elle, elle annonce l'intention de faire maison nette... Elle fait des dépenses exagérées et même ridicules... Son aversion pour son mari augmente ; elle veut déserter la maison conjugale... Elle ne cesse de parler de la supériorité de son intelligence, de son esprit, de ses capacités, elle récrimine contre les autres, particulièrement contre son mari, tout lui déplaît, les choses et les personnes ; sa vanité, le changement de son caractère et de ses habitudes s'allient à une apparence de raison qui en impose à ceux qui la voient et entendent pour la première fois et pendant quelques instants ; d'autant qu'elle a toujours des motifs plus ou moins spécieux pour justifier ses sentiments, ses propos et ses actes... D'une *loquacité intarissable*, elle fatigue par ses prétentions à la supériorité de son intelligence ; elle accuse son mari d'avoir l'esprit borné et se vante d'avoir prévenu sa ruine, elle parle de lui avec mépris, affectant à son égard une pitié dédaigneuse. (Esquirol a observé cette malade pendant cinq ans).

Mme C... sait convaincre les personnes qui ne la connaissent pas de sa bonne santé intellectuelle et morale, jamais elle ne dit, en leur présence, un mot déplacé. Tous ses propos et toutes ses actions sont motivés Elle accable de sarcasmes et de dédain ceux qu'elle croit faibles et cède dès qu'on lui oppose une résistance énergique.

Voici une observation, personnelle, de même nature que les précédentes.

Mme CD..., trente-trois ans, hérédité psycho-pathologique inconnue, mais, d'après certaines indications, probable. A dix ans : fièvre typhoïde ; à quatorze ans, à la suite de la mort de son père, elle est prise d'un hoquet qui dure plusieurs mois. Dès son enfance elle se montre extravagante. A vingt et un an elle épouse un artiste peintre ; se montre excessivement méticuleuse dans son intérieur, d'une propreté exagérée, se fâche si le moindre meuble est dérangé. De longues périodes de tristesse, alternant avec des phases d'expansion, mais toujours avec des personnes qu'elle connaît peu. Se croit très intelligente. « Je suis un cerveau », dit-elle assez souvent. Sa physionomie est souvent plissée, son visage abaissé, le sillon du front et du nez vivement marqué, l'œil est, habituellement, indifférent et très brillant durant les crises de verbomanie ; l'ensemble des traits exprime de la lassitude et du découragement. Son affectivité est très atténuée. Elle n'aime ni les enfants, ni les animaux. Si on analyse les sentiments qu'elle prétend professer pour certains membres de sa famille, on découvre, sans peine, qu'ils ont pour base l'habitude. Très irritable et susceptible, Mme CD... ne peut supporter la moindre contrariété sans pleurer, sans crier, sans trépigner, sans crise de désespoir et de verbomanie. Des signes prémonitoires : — tristesse, mutisme, — annoncent ces crises. Elle se plaint continuellement de la destinée, se croit très malheureuse, incomprise, martyre, déclare n'être aimée par personne et pleure constamment et abondamment, surtout aux époques de ses menstrues, très laborieuses. Le trait essentiel de son caractère est l'esprit de contradiction qui fait naître l'entêtement, l'emportement, l'obstination à vouloir toujours avoir raison, une présomption démesurée et une phraséologie morbide. Elle affirme et nie à la fois la même chose. Elle n'exprime jamais nettement un désir, un souhait, une demande, elle ne pose jamais une question nette et commence par dire le contraire de ce qu'elle a à dire. Quand elle a besoin d'une épingle de cinquante centimes, elle s'en fait envoyer, de nombreux magasins, pour des centaines de francs, ne cesse de choisir, de comparer, de consulter tout le monde, ne suit jamais le conseil qu'on lui donne, se fâche quand on lui donne un conseil qui ne s'accorde pas avec son désir inexprimé et nébuleux, est toujours mécontente de l'épingle qu'elle s'est librement choisie, et accuse son entourage de ne pas vouloir la guider. Elle met des mois à choisir et à acheter un objet nécessaire ou superflu, repousse le conseil de son mari qu'elle sollicite, et quand l'objet est acquis, incrimine le mari de l'avoir empêchée de bien choisir. Elle ne cesse d'examiner son teint, ses muscles, ses forces, et tandis qu'elle croit assister à son dépérissement physique, il ne lui arrive pas un instant de douter de sa conduite morale ; elle accuse son mari d'être cause de son acheminement inexorable vers les plus graves maladies et la vieillesse et elle est convaincue d'avoir toujours raison et d'être une victime malheureuse. D'ailleurs, elle ne fait rien pour cultiver sa santé physique. Dans tout ce qu'elle lit, voit, entend, — journaux, théâtre, conversation, — Mme CD... trouve des points de comparaison avec elle-même. Elle a la manie de la perfection, chez les autres. Elle accuse son mari d'être trop grand, de se tenir voûté, le compare, à son désavantage, à tous les héros des romans ou des pièces de théâtre, à tous ceux qu'elle rencontre dans sa vie, sans faire aucune différence entre un amiral, un comédien, un financier, un boxeur. N'ayant aucune notion de la peinture, elle laisse supposer, au premier venu, avec un air de mystère, que non seulement elle inspire son mari, mais qu'elle l'aide dans l'exécution de ses œuvres. La vérité est que le peintre évite de parler à sa

femme de ses projets, de crainte qu'elle ne l'empêche, par simple contradiction, de les réaliser.
Quand elle vient à son atelier, elle jette un coup
d'œil sur les œuvres commencées et son encourage-
ment ne varie jamais : « Ça, ça ne vaut rien. »
Mme CD... ignore les nuances et les transitions, va
toujours aux extrêmes et, cependant, ne voit que les
détails des choses. Elle ne converse pas, elle affirme,
et ses affirmations sont à la fois simples et exagérées.
C'est par crises violentes, par secousses brutales,
fréquemment renouvelées que se manifestent son
esprit de contradiction et sa verbomanie. Un mot,
un geste suffit à les évoquer. Ses yeux deviennent
rouges, saillants, convulsifs, hagards, elle parle ou
plutôt elle crie, avec une volubilité effrayante, et
tout se termine par une scène de cruauté inouïe,
dirigée contre les personnes de son entourage : elle
leur jette tout ce qu'elle trouve sous la main ; contre
les objets inanimés : elle casse, elle brise, déchire
les objets qu'elle trouve ; souvent elle décharge sa
fureur contre elle-même : elle se frappe à la poitrine,
au ventre, à la tête. Durant ses crises, elle ne raisonne pas, ne distingue ni le temps, ni le lieu, ni
les circonstances dans lesquelles elle agit. La crise
passée, rien, si ce n'est un abattement inusité, ne
décèle un état de choses anormal. Il est arrivé aux
amis de la famille d'assister à des scènes atroces.
Une fois, nous avons trouvé Mme CD... dans son

salon, en grande toilette, par terre, criant, insultant son mari, le menaçant de désorganiser la soirée qu'elle donnait... La cause ? Elle avait demandé l'avis de son mari sur sa coiffure et avait reçu de lui une réponse courtoise, mais évasive que le malheureux avait cru prudente. Les coups de sonnette la mirent debout et elle reçut ses invités sans aucun trouble. C'est d'après l'attitude du peintre que l'observateur sagace eût pu supposer quelque chose d'anormal, car, très sensitif, les crises de sa femme produisent sur lui un effet désastreux. La malade a en horreur certains aliments et aussi certains mots — un genre d'onomatomanie tout à fait spécial ; — le mot *scandale*, par exemple, la fait frémir et est capable de la jeter dans les pires extravagances. Elle calomnie son mari auprès de ses parents, l'a brouillé avec ses amis. Le peintre reçut, un jour, une commande d'État pour l'exécution de laquelle il lui fallait se rendre, seul, en province, pour quelque temps. Crise, scandale, larmes, menaces de suicide ou de mort. L'artiste renonça à la commande. Dans une de ces crises dont le point de départ était une simple contradiction, sous menaces de suicide, la malade obligea son mari de signer un acte notarié dont elle-même n'avait aucun besoin et qui causa au peintre une lutte de conscience et un préjudice moral considérable. Elle n'a pas la moindre notion de l'inconvenance de sa conduite vis-à-vis de ce pauvre homme. Effectivement, elle n'est pas heureuse, mais elle ne se rend pas compte que c'est elle qui empoisonne sa vie et celle de son mari. Elle menace de le tuer, mais elle ne veut pas s'en séparer. Et toujours avec la même volubilité, elle répète les mêmes mots, les mêmes phrases, les mêmes menaces. Très souvent, elle devient coprolatique : elle profère des injures. Le peintre nous a avoué que souvent il a positivement peur de sa femme, que parfois, rentrant ensemble d'une soirée passée chez des amis ou au théâtre, il a peur d'être tué, dans un accès de contradiction et de phraséologie que le spectacle ou la visite a suggéré à la malade. Au paroxysme de la crise, elle est capable d'accomplir elle-même ou de pousser quelqu'un de son entourage à accomplir un acte que, lucide, elle regretterait, peut-être. Pendant la conversation avec les étrangers, Mme CD... se surveille, fait attention à ses paroles et repousse toute expression qui pourrait donner une mauvaise idée d'elle. Tous ceux qui ne connaissent pas sa véritable vie d'intérieur, qui n'ont pas été témoins de ses crises de contradiction et de verbomanie, la croient en pleine possession d'elle-même.

Ce type de femmes est très fréquent. Le Dr Trélat [1] rapporte le cas d'un homme d'une haute intelligence

---

1. *La folie lucide*, p. 8; Paris, 1861.

qui, brisé, abîmé par les fatigues d'une atroce vie de famille, était tombé dans l'inertie, dans une caducité apparente, et ne retrouva les ressources, l'éclat et la puissance de son esprit que quand il fut parvenu à s'affranchir. Il est tel mari à qui l'on adresse des hommages flatteurs sur le caractère aimable de sa femme, et qui, dans l'intimité, entend cette femme élégante dont les paroles sont si pures et si châtiées dans les salons qu'elle fréquente, lui débiter des discours verbeux, dans un langage morbide. Le malheureux qui n'a pu en croire ses oreilles les premières fois qu'elles ont été blessées par de pareilles attaques, s'applique de tous ses efforts à laisser ignorer sa souffrance, mais la tâche devient tôt ou tard au-dessus de ses forces, et le devoir même le contraint de se soustraire à une pareille torture.

Quelquefois, c'est le mari qui est le tourmenteur verbomane et la femme, la victime. On connaît l'histoire de Mme Carlyle[1]. Elle épousa son mari lorsqu'il était obscur et pauvre ; elle lui donna toute sa fortune pour qu'il pût travailler sans soucis ; elle se retira, pour lui faire plaisir, dans un petit pays dont le climat était nuisible à sa santé. Or, Carlyle était très dur pour sa femme, ne craignait pas de flirter avec les dames de l'aristocratie anglaise, ne

1. A. Barine, *Portraits de femmes.*

lui parlait pas pendant des mois entiers, etc. Non seulement il n'a jamais entendu une parole de reproche, mais, suivant l'aveu même de Carlyle, sa femme tâchait de lui rendre la vie le plus agréable possible, et tout ce qui était tristesse et ennui, elle le gardait pour elle seule.

Les femmes comme Mme Carlyle sont extrêmement rares. Le type de femmes incapables d'aimer et impuissantes à comprendre la rude et forte poésie du travail de l'art et de la pensée, est plus fréquent.

Nous avons connu l'un des plus grands savants de notre époque, mort récemment à l'âge de soixante-quatorze ans, ayant travaillé jusqu'au dernier jour de sa vie. Ce grand savant et grand homme dont l'œuvre est immense, universellement estimée, et la vie d'une pureté morale rare, était, les dernières années de sa vie, traité de « fainéant » par sa femme. Nous connaissons un architecte qui, dans toute la floraison de son talent, épousa une jeune fille pauvre. Quelques années plus tard, l'architecte tomba malade; sa jeune femme dut utiliser, pour subvenir aux frais du ménage, ses diplômes de professeur, action fort honorable, mais elle traitait son mari de « propre à rien » et lui lançait de douces phrases comme « Si j'avais su que j'aurais à travailler ! »

La compagne intellectuelle idéale, l'égale, la conseillère, est rare. Très souvent, si les femmes ne

sont pas asservies, elles martyrisent. Irritables, susceptibles, emportées, dominées par l'esprit de contradiction, elles font des scènes, tourmentent leur mari
et, incapables de le comprendre, se croient incom-
prises par lui, et se rendent elles-mêmes malheu-
reuses. Ces femmes abondent, et c'est parmi elles
que se recrutent les verbomanes.

2. — Les femmes laides sont plus verbomanes
que les femmes jolies, ces dernières ne comptent,
habituellement, que sur leur beauté pour plaire.
Moins recherchées pour leurs charmes extérieurs,
les femmes laides veulent se montrer intelligentes,
instruites, elles tâchent de briller et d'attirer l'attention par leur esprit.

Chez la femme, l'objet de la phraséologie s'écarte
rarement des limites étroites des futilités quoti-
diennes; il est, généralement, borné aux modes
(modes de vêtements, d'idées, de personnes) et aux
potins, tandis que chez l'homme, la phraséologie la
plus futile se rattache, par des riens, aux préoccu-
pations plus ou moins sérieuses. Nous avons observé
dix doctoresses, deux avocates et trois professeurs
de lycée. Toutes ces femmes accomplissent leur
métier, par habitude, comme leurs collègues mas-
culins, mais leur bavardage ne diffère point de celui
d'une petite bourgeoise en visite. La bourgeoise,
avant d'aller en visite, prépare des phrases qu'elle
doit placer, phrases qu'elle prend dans son journal,

dans son magazine ou au thé d'une amie. La cérébrale, qui a un métier, ne prépare rien d'avance,
elle débite, pêle-mêle, tout ce que son cerveau a
emmagasiné, elle a seulement soin d'y jeter, de
temps en temps, un terme très savant, professionnel, le nom célèbre d'une autorité médicale, scientifique, pédagogique, etc. Cela n'a, le plus souvent,
aucun rapport avec le sujet de la conversation,
mais cela porte toujours.

Alliée au sensualisme, la verbomanie, chez la
femme, peut s'élever, assez souvent, — cela dépend
du milieu et des circonstances, — au mysticisme
religieux[1]. Les célèbres extatiques et visionnaires
sont des verbomanes. Il suffit de parcourir les ouvrages de Thérèse de Cépéda, *dite* Sainte-Thérèse[2],
pour se convaincre que la plus illustre extatique est
une verbomane. Van Swieten[3] dit avoir vu une
femme qui pendant ses accès de manie ne parlait
qu'en vers, et qui les composait avec une véritable
facilité, bien que dans l'état de santé elle n'eût
jamais montré le moindre talent poétique.

Le sexe féminin fournit à l'épidémie de verbomanie mystique, en Suède, dont nous avons parlé
dans le chapitre précédent, le plus fort contingent.

---

1. Ossip-Lourié, *Croyance religieuse*, chap. III. Paris, F. Alcan.
2. *Relacion de su vida*, 1562. — *El Camino de la Perfectione*. — *El Castillo interior*. — *Las Cartas*.
3. Cité par Morel, *Traité des maladies mentales*, p. 428.

Au début, les femmes furent seules atteintes.

Il y a peu de réformatrices parmi les femmes verbomanes, infiniment moins que parmi les hommes.
Cela tient probablement au fait que les femmes,
jusqu'à ces derniers temps, ont été laissées hors de
toute action sociale.

Krafft-Ebing [1] rapporte un très intéressant cas de
paranoïa reformatoria qui est aussi un cas de verbomanie. Mme R..., quarante-huit ans, veuve d'un
ouvrier... La malade est occupée de projets sociaux.
Elle se sent l'étoffe d'un orateur public, d'une réfor-
matrice, quand même « elle devrait se placer sur
les barricades. » Elle veut rétablir la religion primitive et alors il n'y aura plus de guerre de religion ni
de haine de races. Elle supprimera la pauvreté et la
misère simplement en supprimant l'argent. « En
quoi avons-nous besoin d'argent, puisque tout pousse
dehors ! S'il n'y avait pas d'argent, il n'y aurait pas
d'impôts. » Elle prétend avoir développé ces idées
dans un article intitulé : « Le monde sans argent. »
Le manuscrit de cet article a disparu. Evidemment
le rédacteur en chef du journal... s'en est emparé
illégalement, car un jour elle a lu son travail dans
ce journal... Elle veut abolir la monarchie (en Au-
triche) et elle est convaincue que si elle pouvait
exposer ses idées à l'empereur, celui-ci abdiquerait

1. *Ouv. cité*, p. 478, obs. XL.

aussitôt de sa propre volonté. Elle abolira ensuite les maladies en supprimant les médecins, car ceux-ci, inventant toujours de nouvelles maladies, en augmentent le nombre. Elle introduira de nouvelles machines, une machine qui donnera des vêtements tout faits. Elle veut aussi supprimer l'armée. Un jour déjà, elle a moralement forcé des soldats à quitter le champ d'exercice : elle leur avait lancé un regard ironique. *Elle croit de son devoir de faire des conférences publiques pour conquérir le peuple à ses idées.* Ses idées grandioses lui viennent souvent comme une inspiration ; souvent elle les entend sous forme de voix. Alors elle se sent comme une divinité et pourrait, s'il le fallait, vaincre le monde. A l'asile, la malade s'occupe à exposer ses vues sur la solution de la question sociale... Elle se pose en prophétesse d'un nouvel ordre de choses... La malade dispose d'une quantité de connaissances assez considérable, de réminiscences de lectures, d'une *certaine éloquence ;* à la clinique, elle fait avec beaucoup de plaisir et d'aplomb une conférence improvisée. Elle défend assez habilement ses idées contre les objections qu'on lui pose. Bien conservée et bien portante au physique.

Les verbomanes réformatrices sont rares, tandis que le nombre des verbomanes réformateurs est considérable.

Tout récemment, en France, la femme s'est essayée

dans l'art oratoire. Elle remportera, sans aucun doute, dans l'éloquence du barreau, comme dans celle de la chaire ou de la tribune politique, ce qu'on est habitué d'appeler « un succès ». Mais il est à peu près certain qu'elle ne modifiera guère les éléments conventionnels de l'éloquence. Au contraire, avec ses brillantes facultés d'assimilation et d'imitation, la femme s'appropriera bien vite tous les « trucs » de la verbomanie masculine. Quant à l'influence sociale de l'éloquence féminine, nous ne possédons pas encore assez de faits pour en tirer une déduction. Par ses sensations plus intenses la femme sera-t-elle vite amenée, dans des réunions et assemblées politiques, à cet état extrême de la verbomanie où l'individu perd toute conscience de ses paroles, éveille la nervosité inquiétante des auditeurs et crée des catastrophes sociales ? L'avenir nous le dira. Ce que nous savons de la psychologie de la femme n'est pas encourageant.

Dans une multitude, les femmes se laissent toujours entraîner et convaincre les premières, mais si elles subissent aisément toutes les suggestions, elles les transmettent plus aisément encore et avec plus de violence. Dans une foule agitée les femmes l'emportent toujours sur les hommes par leur agitation et leur fureur, elles crient et hurlent davantage, elles ne se contentent pas d'accompagner les hommes : elles les poussent au mal et les y encouragent, elles

les surpassent en cruauté. Dans les processions religieuses les femmes, plus que les hommes, chantent
les cantiques et font, à haute voix, leurs prières;
dans les manifestations politiques, dans la rue, les
femmes se distinguent par leurs excitations verbeuses. La place que l'homme occupe dans l'histoire du crime est plus grande que celle de la
femme, mais les criminalistes affirment que si la
femme ne commet pas matériellement le crime, elle
en est, presque toujours, l'instigatrice, elle le suggère à l'homme et, en bien des cas, c'est elle qui
est la vraie responsable.

Reconnaissons aussi que la femme actuelle ne
représente pas ce qu'elle pourrait être si, au lieu
d'avoir été écartée de la culture intellectuelle, on
lui avait donné la même instruction qu'à l'homme.
Dans l'évolution et la prospérité de la société, la
femme a une part pour le moins aussi grande que
l'homme, elle doit avoir, objectivement, les mêmes
droits que lui, même si les lois faites par elle doivent
être aussi déplorables que celles faites par l'homme.

CHAPITRE VIII

LA VERBOMANIE A TRAVERS LES PEUPLES FRANÇAIS, ITALIENS, ANGLAIS, ALLEMANDS, RUSSES, ETC.

I. — *Généralités.* — Les climats. — Les langues. — Les professions. — Les verbomanes spécialisés. — La verbomanie n'est l'apanage exclusif d'aucune classe. — Les grands centres. — La fusion des classes, des idées, des habitudes, des manies. — Le fonctionnement du mécanisme politique n'est pas le reflet du caractère, de l'idéal, des maladies morales d'un peuple. — La psychologie commune des peuples civilisés. — Le « succès ». — Quand les mœurs ne s'opposent pas radicalement, elles ne se différencient, chez les peuples, que dans le détail, la forme, la réalisation.

II. — *Les Français.* — 1. L'esprit de sociabilité et de conversation en France. — Opinions diverses. — Il est peu facile de faire des études de mœurs et de psychologie en France. — La division des classes. — Les Français ne se connaissent que par la conversation. — 2. L'évolution de l'éloquence. — Le prestige des orateurs n'a jamais varié. — Qualités de la langue française. — La psychologie du parisien. — L'ouvrier. — Le Méridional. — Le Gascon. — Le Bourguignon. — Le Champenois. — Le Limousin. — Le Breton. — Le colon. — Le rôle de la forme conventionnelle dans la conversation. — 3. *Les Italiens*, etc. — Malgré sa verbosité naturelle, l'Italien sait se taire en parlant beaucoup. — Un mot d'un Italien au Congrès de philosophie de Bologne. — L'Italien du Sud. — Le Portugais est moins bavard que l'Espagnol dont le langage est pompeux. — Le trait commun des Latins est l'auto-dénigrement. — Les Latins possèdent ce qui manque aux Anglo-Saxons et aux Germains : le sourire.

III. — *Les Anglais.* — Les Anglais parlent peu, mais le silence les met en rapport et en harmonie avec ce que la langue n'exprime pas, « congruity with the unuttered » (Carlyle). — Opinions diverses. — Ce n'est pas le besoin de parler qui domine chez les Anglais, mais le besoin d'agir. — Ils ne comptent jamais sur leur verbiage, mais sur leur effort. — Malgré leur amour pour l'isolement, les Anglais pratiquent l'association.

IV. — *Les Allemands*. — L'Allemand est moins bavard que le Français. — L'objectivisme et le subjectivisme des Allemands. — Ils prennent souvent l'obscurité de la forme pour de la profondeur. — La langue allemande se prête moins à la conversation que la langue française. — Les salons où l'on cause sont très peu nombreux dans les grands centres de l'Allemagne contemporaine. — Les Allemands aiment l'éloquence, mais lente, abstraite. — La méthode. — Les vereins. — Les Allemands ne peuvent se rencontrer sans crier. — La manie des querelles : *Querulantenwahnsinn*. — Le double sens du mot *vergeben*.

V. — *Les Russes*. — La taciturnité du moujik. — Le *mir*. — La *verbomanie* de la classe dirigeante et de la classe instruite. — Les salons. — Les demi-savants et les autodidactes. — Le roman russe. — Suggestible et crédule, le peuple russe est sensible à la phraséologie. — Les suicides collectifs, très fréquents en Russie, ont pour causes la crédulité du peuple et la suggestion des verbomanes. — C'est la verbomanie qui a fait échouer la dernière révolution russe.

VI. — L'abondance déréglée de la parole est un signe de la non-maturité chez les uns et de la décadence chez les autres. — Le peuple qui cultive trop l'art de parler, laisse s'atrophier l'art d'agir. — La disproportion entre l'effort immense du XIXᵉ siècle et le résultat final. — Le malaise de notre époque provient de l'erreur du siècle précédent de confondre les mots et les actes. — Si nous ne voulons pas être rejetés brusquement en arrière, le moment est venu de vérifier, loyalement, la valeur de nos mots et de nos formules. — Nécessité d'identifier nos paroles et notre manière de vivre.

I

La verbomanie offre selon les climats, les langues, les âges, les positions sociales, les professions, certaines différences dont il faut, à coup sûr, tenir compte, mais qu'il ne faut pas exagérer.

Les climats ont-ils une influence sur les langues en général et sur la verbomanie en particulier? Sans doute. L'influence du climat sur l'homme et sur ses habitudes est surabondamment prouvée. Il est dificile de ne pas penser, avec le Dr Cabanis[1], que les langues, plus ou moins bien faites, en raison des circonstances qui président à leur formation, et du caractère des hommes qui les créent, paraissent gouverner bientôt les hommes, et, par eux, faire naître et subjuguer les circonstances elles-mêmes. D'autre part, la nature aide à former, à développer, à modifier l'instrument qui sert à combiner et à reproduire nos impressions dont le caractère sombre ou riant, âpre ou doux, profond ou passager, prend sa source même dans la nature qui nous environne. L'homme qui vit sous un ciel heureux, sous des ombrages frais, au milieu des émanations des fleurs, qui n'entend habituellement que le chant des oiseaux et le murmure des sources, ne doit ni s'exprimer par les mêmes sons, ni les appuyer du même accent et des mêmes inflexions de voix, ni parler, au point de vue quantitatif comme l'homme vivant dans une nature sauvage, dans les forêts, dans les gorges de montagnes ou dans les immenses agglo-

1. Ouv. cité, t. III, p. 90.

mérations modernes. Des circonstances, des images, des sensations différentes, ne peuvent manquer d'agir sur tous les organes éminemment imitateurs de l'homme et sur ses habitudes. Le langage, la phraséologie, la verbomanie s'en ressentent, à coup sûr.

Entre les causes qui entravent, favorisent ou déterminent la civilisation, la manière de parler n'est pas une des moins importantes. L'influence d'une langue bien faite sur l'évolution mentale est des plus manifestes non seulement chez les individus, mais dans les races humaines. Toute dégradation morale se traduit, chez l'individu et chez le peuple, par l'abandon de la langue régulière.

Cependant, Fouillée[1] a raison d'affirmer que la langue, à elle seule, n'est pas un indice suffisant du caractère national, puisqu'elle peut avoir été importée ou modifiée par des emprunts successifs aux parlers étrangers. Toutefois, dans ces cas fréquents, la comparaison de la langue primitive avec la langue dérivée permet de reconnaître les tendances propres de la nation, qui imprime toujours sa marque sur son langage, même à notre époque qui croit qu'une seule langue doit relier un jour les hommes, quand la fusion des intérêts, les initiations aux mêmes arts, aux mêmes sciences, aux mêmes idées, aux

---

1. *Psychologie du peuple français*, p. 14; Paris, F. Alcan, 1898.

mêmes industries, quand des aspirations identiques auront fait de tous les peuples un seul peuple.

Les professions, considérées comme causes prédisposantes de la verbomanie, n'offrent rien de particulier. Les professions ne remplissent qu'un rôle tout à fait secondaire comme cause prédisposante. Si l'on songe que la verbomanie apparaît souvent dans l'enfance ou dans l'adolescence, chez des jeunes gens qui ont à peine commencé leur spécialisation, on ne saurait incriminer leurs professions. Celles-ci n'amènent le développement et la floraison de la verbomanie qu'à la longue. La fusion des groupes sociaux est tellement grande et rapide que les particularités propres à chaque profession s'égalisent, non pour disparaître, mais pour se répandre. L'influence professionnelle et les particularités des professions ont peu attiré l'attention, jusqu'à présent, en psychologie et en psychiatrie.

Les verbomanes spécialisés et attachés à une seule branche : politique, barreau, professorat, avouent connaître mille et un « trucs » pour affirmer et nier, défendre et accuser, admirer et critiquer la même chose avec la même éloquence, la même sincérité et la même compétence, pour jeter le doute ou la foi dans la conscience des auditeurs ; ils possèdent, à coup sûr, des procédés qu'ignorent, au premier abord, par exemple, l'homme de lettres, le médecin, l'ingénieur. Mais lorsque ceux-ci parviennent à se hisser au sommet d'un groupe social, par des moyens qui n'ont aucun rapport avec leur talent professionnel, ils aboutissent, avec un peu d'observation, de la mimique, des gestes, de la gymnastique vocale, presque au même résultat : abrutir ou émouvoir leurs auditeurs. Et plus leur voix est dolente, sourde, effacée, aride, glacée, plus ils peuplent leurs discours des grands mots de *vérité*, *justice*, *bien*, *solidarité* et d'autres formules lapidaires qui les aident, à merveille, à faire avancer leurs affaires personnelles, tout comme les verbomanes professionnels spécialisés. Ainsi que l'alcoolisme, la tuberculose et la syphilis, la verbomanie est répandue à tous les degrés de l'échelle sociale et n'est l'apanage exclusif d'aucune classe. Elle est surtout développée dans les grands centres d'agglomération populaire où se trouvent réunis tous les éléments favorables aux excitations nerveuses et à la phraséologie.

La nature humaine, chez les individus comme chez les peuples, tend à devenir, dans ses caractères essentiels, la même partout. Ce que nous nommons le progrès met les esprits en contact et favorise la diffusion des idées, des habitudes, des manies. L'œuvre de fusion des individus et des peuples s'accomplit de nos jours, malgré les obstacles nombreux, purement artificiels, avec une rapidité surprenante.

Sans doute, chaque peuple a sa sophistique et sa mentalité nationales. Selon l'observation de Kant,

« l'Anglais dit : tel homme *vaut* un million ; le Hollandais : il *commandite* un million ; le Français : il *possède* un million. » Mais tous aspirent vers ce million.

Dans aucune nation, le fonctionnement du mécanisme politique n'est le reflet exact du caractère, des idées, de l'idéal, des maladies morales du peuple. Les classes aisées et « instruites » se meuvent dans une atmosphère artificielle, elles ont moins de spontanéité dans leurs sympathies et leurs haines. Chez l'homme peu instruit, une certaine simplicité d'esprit et de cœur compense jusqu'à un certain point le manque de savoir. Partout ceux qui parlent, à de rares exceptions près, sont plus nombreux que ceux qui pensent ou agissent. La plupart des hommes croient penser par eux-mêmes, et en tirent une grande vanité, ils croient avoir secoué l'esprit d'imitation, et cette fausse certitude leur enlève le discernement de tout ce que, dans leurs opinions, ils empruntent aux autres. Avant d'exprimer une opinion, les esprits les plus sérieux attendent qu'elle soit émise par tout le monde. L'*honnête homme*, partout, est un modèle d'automatisme salutaire : un être discipliné, tempéré, craignant toute opinion hardie, assujetti aux conventions admises, classées, convenues, définies. Chaque époque a sa règle distinctive : foi ou négation, doute ou ironie, et tout le monde doit s'y conformer, du moins extérieurement.

Celui qui se met à l'écart est un sauvage, celui qui ne pense pas comme tout le monde, ne trouve aucune place dans la cité.

Partout on prend pour axiomes de simples préjugés ou de purs mensonges conventionnels. Si l'on détruit de vieux préjugés, on en crée bien d'autres. Un homme qui veut vivre par sa seule raison, devient vite un déclassé. Les esprits indépendants sont étrangers partout. La grande majorité se plie à tout, même, ou peut-être surtout, aux choses qu'elle réprouve. Les mœurs imposent à chaque individu une étiquette indélébile, l'obligent à prendre un masque, à cacher son visage et à rester dans le moule commun. On ne rencontre que des esprits prévenus, façonnés et qui craignent par-dessus tout d'être désabusés. L'homme adapté n'aime pas celui qui ne l'est pas, il a en horreur celui qui se dégage de l'uniformité ambiante. Malheur à celui qui, au point de vue social, n'est point adapté à un milieu déterminé. Même quand on s'égare ou se singularise, on le fait en compagnie, en suivant un certain parti. Et la différence entre deux partis extrêmes est toujours purement verbale. L'art de vivre consiste aujourd'hui à s'adapter le mieux possible à des nécessités extérieures sur lesquelles la volonté ne veut agir[1].

1. Il est des animaux qui, pour mieux s'effacer aux yeux de leurs ennemis et mieux se défendre d'eux, prennent la couleur

Dans tous les pays, les uns se demandent par
quel mérite les autres ont pu s'imposer ? Les plus
perspicaces trouvent la réponse : par la parole. La
parole est un instrument de revendication pour les
uns, de résistance pour les autres, d'arrivisme pour
tous. Tout petit orateur se croit un tribun et un sauveur. A quelques rares exceptions près, le fait
simple, présenté et exposé dans sa nudité, ne plaît
plus, on le veut commenté, enveloppé. Pour qu'une
idée attire l'attention, il faut qu'elle soit présentée
avec la vigueur d'une puissante dialectique.

Partout nous trouvons deux morales pour la vie
publique, l'une conventionnelle et idéale, l'autre
positive, réelle. La première, d'après laquelle celui
qui crie fort, qui parle bien est désintéressé et véridique, se manifeste à la tribune et dans les chaires ;
la seconde ne reconnaît le mensonge et la corruption
que lorsqu'ils sont découverts. Un grand nombre de
personnes pratiquent la morale « extérieure » par
contrainte. Être moral pour beaucoup est une affaire
pratique.

Dans tous les pays, le mot « succès » veut dire :
argent, rien de plus. Les termes : « Il a réussi, il est
arrivé »... « He has done well, he has risen, in the
world »... « Kakoï ouspech ! One dobilsia ! One dos-

du milieu dans lequel ils vivent. Certains insectes, les phyllies,
ont des ailes qui présentent des nervures semblables à celles des
feuilles de l'arbousier sur lequel elles vivent.

chole ! [1] » signifient qu'on gagne de l'argent et non qu'on est arrivé à une supériorité morale. Nulle part, le succès n'est le triomphe d'une vérité, d'un talent, d'une individualité.

Hommes ou peuples, les uns veulent tout conserver : pour eux ; les autres, tout détruire : pour en profiter ; les uns nient, les autres affirment ; les uns prêchent la poigne énergique, les autres, la douceur apparente et la contrainte réelle ; les uns cherchent à unir : pour se hisser au-dessus de tous, les autres, à diviser : pour suivre le parti le plus fort ; mais, au fond, tous pratiquent les mêmes mœurs, tous vivent ou aspirent à vivre de la même manière.

La nature humaine devient partout la même et semblable le cœur de l'homme. Les idées s'égalisent et les mœurs quand elles ne s'opposent pas radicalement, ne se diversifient que dans le détail, la forme, la réalisation.

II

Les Français. — 1. A quelques très rares exceptions près, les écrivains français et étrangers s'accordent à reconnaître que la sociabilité est une qualité innée du Français. La langue française est

---

1. En russe.

faite pour la conversation. Converser n'est pas seulement pour le Français se trouver en compagnie de quelqu'un, c'est échanger avec son semblable, sinon des idées, au moins des paroles. Le ton de la conversation a pénétré jusque dans la science.

Les Gaulois, constate Michelet, ont aimé de bonne heure à gaber, comme on disait au moyen âge. Ils ne considéraient pas la parole comme quelque chose de sérieux. Parler ne leur coûtait rien. Hâbleurs infatigables, c'était très difficile que de maintenir, dans leurs assemblées, la parole à l'orateur au milieu des interruptions. Pour obtenir le silence, un homme était spécialement chargé de marcher l'épée à la main sur l'interrupteur. Selon Mᵐᵉ de Staël[1], « l'esprit de sociabilité et de conversation qui existe en France depuis le premier rang jusqu'au dernier, a quelquefois l'inconvénient d'altérer la sincérité du caractère ; ce n'est pas une tromperie combinée, mais improvisée, si l'on peut s'exprimer ainsi. Les Français ont mis dans ce genre une gaîté qui les rend aimables ; mais, il n'en est pas moins certain que ce qu'il y a de plus sacré dans ce monde a été ébranlé par la grâce, du moins par celle qui n'attache de l'importance à rien, et tourne tout en ridicule... Il n'est point d'arène où la vanité se montre sous des formes plus variées que dans la conversation ».

1. *De l'Allemagne*, ch. XI.

Pour Alfred de Vigny[1] : « Parler de ses opinions, de ses amitiés, de ses admirations avec un demi-sourire, comme de peu de chose, que l'on est tout près d'abandonner pour dire le contraire : vice français. » L'amour de la parole chez le Français frappe Schopenhauer. « Il faut, dit-il, que le Français bavarde toujours, même quand il n'a rien à dire. Dans le monde, il croirait commettre une impolitesse, en gardant le silence, ne serait-ce que quelques minutes. » Fouillée[2] voit dans l'amour du Français pour la société l'une des causes qui ont multiplié ces déplorables lieux de réunion, de causerie, de discussion politique ou sociale qu'on nomme les cabarets, — salons des pauvres. « Soit qu'il courbe la tête, soit qu'il la relève dans un esprit de rébellion, le Français songe toujours à la société : il se met *avec* elle ou *contre* elle ; il ne songe pas uniquement à développer sa personnalité à part des autres et dans son for intérieur. Son individualisme apparent et intermittent n'est pas le vrai et profond individualisme de l'Anglo-Saxon ou du Germain ; il est moins une attitude intimement personnelle qu'une attitude encore sociale. Certains Français ont beau, par une sorte de mode anglaise, prêcher la *culture du moi* : le Français ne peut se résoudre à vivre en lui-même ;

1. *Journal d'un poète.*

2. *Esquisse psychologique des peuples européens*, pp. 508 et 478 ; Paris, F. Alcan, 1903.

il est toujours trop préoccupé de son milieu, auquel le rattache sans cesse sa nature expansive et communicative. Il a les qualités et les défauts inhérents à un développement trop faible de la vie intérieure, au profit de la vie sociale. »

Les Français sont généralisateurs, ils déduisent de quelques cas isolés des propositions générales, qui ne s'appliquent point à la généralité des faits. Ils jugent les hommes d'après quelques apparences et détails classés. Ils préfèrent les impressions et les sentiments aux longues réflexions. Ils réduisent le sens des mots, pour en tirer ensuite des métaphores. Ils aiment aussi la variété et l'abondance des images. La métaphore pour eux n'est pas seulement un ornement du langage, c'est un élément essentiel de la parole. Ils ont conservé *l'argute loqui* des Gaulois.

Hamerton[1] est l'un des rares écrivains étrangers qui réfutent l'opinion très répandue que le Français est plus sociable que l'Anglais. Pour lui, c'est le contraire qui est vrai. Les Anglais ont des manières peu engageantes envers les personnes qu'ils ne connaissent pas ou connaissent peu, mais envers tous ceux qu'ils considèrent bien, ils montrent un degré de sociabilité qui dépasse de beaucoup la sociabilité française. Malgré sa franchise apparente, le Français a une réserve qui lui est propre, et sait élever une

---

1. *Français et Anglais,* trad. franç. Labouchère, 2 vol.

barrière autour de sa vie. La séparation des sexes est bien plus grande en France qu'en Angleterre. L'Anglais est étonné de voir les rapports sociaux, en France, se borner la plupart du temps à la visite de cérémonie. La plupart des gens se voit de cette sorte. On peut connaître nombre de Français mariés et n'avoir que fort peu de relations avec leurs femmes, au point même de ne pas reconnaître celles-ci dans la rue. On peut faire visite à des Français, sans jamais voir leurs femmes ou leurs filles. Le mari peut avoir des amis intimes, tandis que sa femme les tient à l'écart. La majeure partie de ce que savent les Français, ils l'ont acquis par la conversation et, en ce qui concerne la disposition à la causerie, ils sont assurément sociables. Hamerton prétend qu'en règle générale, le Français fait profession d'admirer ce qu'il croit devoir admirer, même quand il n'a, au fond, aucune ardeur admirative. « Il en résulte que la conversation avec les Français est peu intéressante, dès qu'il s'agit des maîtres fameux. Ils vous répètent les lieux communs habituels, et si vous risquez la moindre critique tant soit peu originale, ils vous regardent comme un insulaire excentrique. On leur a enseigné au collège comment il fallait louer les hommes célèbres, et même en quels termes il fallait faire leur éloge. »

Il en est exactement de même dans tous les pays.

Les Anglais sont souvent de faux admirateurs de Shakespeare, et se croient forcés de s'extasier devant le poète national, comme les Allemands s'extasient devant Goethe, même quand ils ne le comprennent pas. Dostoïevsky n'avait-il pas déclaré que Pouchkine était « le plus grand poète de tous les peuples » ? Selon lui [1], « il y a dans les littératures européennes des Shakespeare, des Cervantès, des Schiller. Mais lequel de ces génies possède la faculté de sympathie universelle de notre Pouchkine ? » Allez donc, dans n'importe quel pays, à l'encontre d'un culte admis et classé ! Les Français, au contraire, aiment à dire du mal de leurs grands hommes, mais ils croient nécessaire de s'extasier devant l'homme du jour, à condition qu'il ne dure que vingt-quatre heures et qu'il se classe immédiatement dans un groupe nettement défini.

Les étrangers connaissent peu et mal les Français, ils les jugent d'après ceux qu'ils rencontrent dans les lieux publics, à Paris. Le Français est coupable de cet ordre de choses. Il ne sait pas faire valoir ses qualités. Sans parler des Anglo-Saxons, des Germains et des Slaves, il est plus facile à un observateur de faire des études de mœurs et de psychologie en Italie, par exemple, qu'en France. La « société » italienne est plus accueillante que la

---

1. Ossip-Lourié, *Psychologie des romanciers russes au XIX° siècle*, p. 160. Paris, F. Alcan.

société française. La division des classes en France, malgré les révolutions successives, est beaucoup plus grande que dans la plupart des autres pays. L'hospitalité, en France, est exclusivement sociale. En dehors des réceptions, pour ainsi dire, obligatoires, la vie intérieure est fermée (certains étrangers disent qu'elle n'existe pas) non seulement aux étrangers, mais même aux compatriotes. Aussi les Français ne se connaissent-ils guère mutuellement que par des bribes de conversations occasionnelles ; toutes leurs relations sociales n'ont qu'un caractère accidentel ou nettement professionnel, rarement personnel, intime. Ils se fréquentent, sur invitations, en vue des services réciproques possibles. L'intimité intellectuelle n'existe pas.

2. — Le Français, comme le Latin en général, est un grand amateur de l'éloquence. Pour lui, comme pour le Gaulois, son ancêtre, l'éloquence est la meilleure préparation à la vie publique. L'éloquence française a subi diverses évolutions. On ne parle pas dans les mêmes conditions et dans les mêmes formes, sous la Législative, à la Convention, avant le Deux juin, pendant la Terreur, après Thermidor. Mais le prestige de l'éloquence et des orateurs n'a jamais varié, il a toujours été considérable.

« Parmi les manifestations de l'art, il en est deux qui devaient particulièrement convenir à un peuple de vie sociale si développée : l'éloquence et ce qu'on nomme au sens étroit la littérature. L'éloquence est le vrai ou l'utile devenu non pas seulement beau, mais séduisant pour tous ; c'est comme la socialisation, dans une enceinte plus ou moins large, des pensées et sentiments d'un esprit qui agit sur les autres esprits. Cet art expansif, communicatif, ne pouvait manquer de plaire aux descendants des Gaules, qui déjà aimaient trop les beaux discours et qui se représentaient un de leurs dieux comme enchaînant les hommes par des chaînes sorties de sa bouche. Faire partager aux autres ses opinions et entraîner les autres avec lui-même, c'est la joie suprême du Français. Quant à la « littérature » française, elle est une sorte d'éloquence s'adressant, selon le mot profond de Malesherbes, non pas aux hommes rassemblés sur la place publique, mais aux dispersés. Les gens de lettres comme les Pascal, les Montesquieu, les Voltaire, les Diderot, les Rousseau, les Renan, sont des orateurs qui parlent au monde entier et qui tâchent de faire triompher une idée[1]. » Il faut remarquer que nul d'entre eux ne fut orateur dans le sens habituel du terme, nul d'eux n'eût été capable d'exercer son « éloquence » non seulement sur une place, mais dans une réunion publique.

Si l'éloquence de la chaire, jadis très brillante, est devenue terne, l'éloquence parlementaire, en

---

1. Fouillée, *Esquisse psychol. des peuples européens*, p. 490. F. Alcan.

France, n'a jamais brillé d'un plus vif éclat que de nos jours. Tous les partis politiques possèdent des orateurs dont la parole atteint souvent les plus hauts sommets... du verbe oral. Si la langue de beaucoup laisse à désirer, le style de certains est d'une réelle beauté esthétique.

On abuse socialement de la parole non seulement au Parlement, mais au Palais de Justice. « Lorsqu'un accusé se présente à la barre d'une cour de justice, on assiste à un spectacle que jamais en Angleterre on ne tolérerait une heure seulement. Un grand magistrat public, sur le point de juger le coupable, l'examine afin de constater le crime supposé, le réexamine, non comme un juge, mais comme un accusateur, accablant le pauvre malheureux de toute l'autorité de sa position juridique, des subtilités de sa profession, de toute son expérience, de toute l'adresse de son intelligence pratique[1]. » Il y a plus d'un demi-siècle que ces paroles furent écrites, la procédure verbeuse n'a point changé en France. La phraséologie et surtout l'idée qu'elle mène à tout, est plus puissante que l'idée de justice qui est, cependant, fort enracinée chez les Français.

Le prestige des orateurs célèbres n'a d'égal, en France, que celui des comédiennes. Toutefois, nul

---

1. Buckle (1821-1862), *Histoire de la civilisation en Angleterre.* t. II, p. 321, Trad. fr.; Paris, 1865.

Français n'hésite s'il a à choisir entre un beau discours politique et quelques tirades lancées par une
quasi jolie comédienne ou même par un comédien
en vedette.

M. Proal estime qu' « on se croirait revenu à
l'époque, où les Romains de la décadence couraient
au théâtre, pendant que les barbares étaient à leurs
portes, et où plusieurs villes furent prises par eux
pendant que la population applaudissait avec fré-
nésie des acteurs. Le peuple romain demandait du
pain et des spectacles. A Paris, une partie de la
population demande de l'alcool et des spectacles[1] ».

En France, l'éloquence tient une grande place
dans la vie sociale. La langue française, nette, précise, logique, limpide, répond bien au génie français, épris de clarté et de mesure. Au xIII[e] siècle,
Brunetto Latini, le maître de Dante, disait que la
langue française est une « parure délectable ».

L'amour de l'ouvrier parisien pour l'art oratoire
ne diffère de celui de l'intellectuel qu'en qualité.
Maxime Du Camp[2] prétend que « toutes les défro-
ques des rhétoriques surannées, le Parisien les
accepte sans sourciller, et parfois même pousse la
bonne foi jusqu'à les trouver éloquentes. Phrases

---

1. *Le crime et le suicide passionnels*, p. 505. M. Proal, conseiller à
la Cour d'appel de Paris, ancien Président de chambre à la Cour
d'appel de Riom, est sévère et exigeant : il y a des pays où l'on ne
demande que de l'alcool.

2. *Paris*, 8e édit., p. 302, 1898.

toutes faites, idées reçues, lieux communs, métaphores gothiques, rien ne l'étonne, et il admire.
C'est que, malgré sa mobilité douloureuse, le Parisien est atteint d'une servilité intellectuelle qui
pourrait bien être une maladie engendrée par son
incurable paresse pour ce qui touche aux choses de
l'esprit ; parce qu'*il est bavard*, ironique, expansif, on
croit qu'il a un esprit d'initiative très développé et
des hardiesses de conception très active ; erreur : en
art, en politique, en littérature, en médecine, en
histoire, il se traîne dans les ornières dont il a peur
de sortir... Le peuple de Paris ne raisonne pas, il
sent ; il ne discute pas, il s'emporte ; il n'agit pas, il
s'agite. C'est une agrégation nerveuse gouvernée
par des impressions... » Du Camp exagère. L'émotivité des habitants des grandes villes est partout et
toujours supérieure à la raison. Le Parisien est
moins rusé et moins hypocrite que son cousin de
Londres et moins lourd que le Berlinois.

On rencontre parmi les ouvriers parisiens des
intelligences capables de comparer, d'analyser, de
juger avec lucidité et sûreté ; ils aiment, peut-être,
trop à disserter. « Causeur, autant que rieur, l'ouvrier parisien s'oublie des heures entières à babiller
pour le seul plaisir de bavarder. Si peu que l'on
écoute, il n'arrête pas de parler, jamais fatigué,
jamais à court de mots, employant une langue bien
à lui, verte, gauloise, faite de jurons familiers, de

l'argot du faubourg, le tout coloré des très expressifs termes techniques de son métier, appropriés aux choses en question. Agilement, il saute d'un sujet à l'autre avec la dextérité du plus exercé des rhéteurs. Pressé de courir à son travail, il entre en passant chez le marchand de vin, entame une conversation, la pousse, s'anime, interpelle chaque nouvel arrivant, et, lorsque, ayant épuisé la patience du moins impatient des interlocuteurs, il se souvient enfin que son travail l'attend, il a perdu déjà près de la moitié de sa journée. Non seulement le potin fleurit au faubourg avec autant d'intensité que dans les arrondissements les plus bourgeois, mais, en un élan de confidence qui dévoile la belle naïveté de son cœur toujours prêt à s'ouvrir aux siens, l'ouvrier raconte sans se gêner ses propres affaires de famille, ne cachant aucun vice, aucune tare, lancé en des histoires interminables[1]... »

Le tempérament du méridional est plus oratoire que celui du Parisien, il est aussi plus sensible aux mots éloquents ; ce n'est pas la signification de la phrase qui le fait vibrer, mais sa sonorité. La hâblerie du Gascon est depuis longtemps proverbiale. Il parle par démangeaison. Quand la vérité s'épuise ou se dérobe, il enjolive, brode, ajoute, ou invente de toutes pièces. La dissimulation lui est peu habituelle.

---

1. Leyret, *En plein faubourg*, p. 76 ; Paris, 1895.

S'il dit ce qui n'est pas, s'il ment, ce n'est point
pour cacher la vérité, ce n'est point dans un but de
tromperie, tout au plus est-il capable d'une mysti-
fication ; il ment pour exciter l'envie, pour capter
l'attention.

Le Champenois a le parler lent, l'accent traînant.
Le Bourguignon est éloquent, mais peu hâbleur. Le
Limousin est sobre en paroles, il aime le silence, il
a en horreur la griserie verbale. Le parler du Breton
est grave. On prétend[1] que les Bretons qui savent
le français et le breton, se servent du breton,
« langue noble, un peu solennelle, éloignée de la
vulgarité », pour traduire leurs idées sérieuses, et
réservent le français pour « les choses triviales ».
Nous n'avons pu vérifier cette affirmation, ni celle-ci :
« Le breton est une langue immaculée qui n'a jamais
proféré ni doutes ni blasphèmes[2]. »

Volney[3] constate la différence entre les colons

---

1. Lejeune, *Revue celtique*, t. II, p. 14.

2. Baudrillart, *Les populations agricoles de la France. Normandie
et Bretagne*, p. 424; Paris, F. Alcan-Guillaumin, 1885.

3. Boutmy, qui cite Volney, ajoute : Le Français est obligé d'employer d'abord son éloquence et une partie de ses forces pour
gagner à son projet sa femme, pour vaincre ses oppositions renaissantes qu'il rencontre chaque soir à son foyer. La femme française
a l'esprit clair, de la raison et du courage pour son propre compte ;
son mari trouve auprès d'elle un conseil judicieux, très souvent
une critique mesquine, quelquefois un concours raisonné, rarement le réconfort moral d'un plein assentiment. Trop souvent il
se décourage, ou bien le temps s'écoule et l'occasion lui échappe.
S'il passe outre, il ne sent pas derrière lui une retraite assurée
en cas d'échec, un lieu où se reprendre auprès d'une compagne

français et anglais. Le colon français délibère avec sa femme sur ce qu'il fera ; il prend ses avis : ce serait miracle qu'ils fussent toujours d'accord. La femme commente, contrôle, conteste ; le mari insiste ou cède, se fâche ou se décourage ; tantôt la maison lui devient à charge, et il va causer avec ses voisins ; tantôt il reste chez lui, et passe le temps à causer de bonne humeur ou à quereller et à gronder... Voisiner et causer sont pour le Français un besoin d'habitude impérieux. Le colon anglais, lent et silencieux, ne craint pas la solitude et compte sur lui-même, il ne craint pas d'aller dans les bois, à dix ou vingt lieues de la frontière, loin de toute habitation.

Depuis Volney, les aptitudes coloniales du Français ont évolué, mais il demeure toujours causeur et toujours sous l'influence de sa femme ou de la femme.

Colon, citadin ou campagnard, le Français ne comprend pas celui qui ne pense pas exactement et surtout ne parle pas exactement comme lui. Il écoute rarement celui qui lui parle, il n'est occupé que de ce qu'il doit dire lui-même. La forme conventionnelle, la forme extérieure joue un rôle considérable dans la conversation et dans l'art oratoire français. Fouillée reconnaît que « si nous n'intro-

qui croit en lui sans examen, et qui lui rendra la foi en lui-même. (*Psychologie du peuple anglais*, p. 314 ; Paris, 1901). L'observation de Boutmy est parfaitement juste.

duisons pas dans les objets exprimés nos passions
« subjectives », nous leur imposons une certaine
forme logique et esthétique qui n'est pas toujours en
harmonie avec le fond réel [1] ».

3. *Les Italiens*, etc. — En bloc, le peuple italien est
disert ; il tient de son soleil une nature impulsive qui
vibre sous la musique des mots, comme la corde d'un
violon sous l'archet. Mais malgré sa verbosité, l'Italien, comme le Français, sait demeurer discret, il
s'ouvre rarement aux autres. « Quand vous parlez à
un Italien, examinez sa physionomie fine et réfléchie : que de fois il a l'air d'écouter intérieurement non
ce que vous lui dites, mais ce que vous ne lui dites pas !
Ne vous laissez point tromper à certain flot de belles
paroles qui semblent indiquer un goût d'épanchement : tout ce qui est extérieur et formel, tout ce
qui est indifférent aux affaires propres de l'individu,
tout ce qui lui semble beau d'une beauté imperson-
nelle, il le versera volontiers en discours accompa-
gnés de gestes ; mais, après deux heures de conversation, vous ne serez pas plus avancé qu'auparavant
dans la connaissance intime de votre interlocuteur.
La rhétorique et l'esthétique ne sont pas des révélations du fond de l'âme [2]. » L'Italien sait se taire en
parlant beaucoup, il sait aussi réfléchir [3].

1. *Psychologie du peuple français*, p. 196.
2. Fouillée, *Esquisse psychologique des peuples européens*, p. 88.
3. Invité à prendre la parole au dernier Congrès de philosophie

Les Italiens, comme les Français du Midi, sont orateurs de naissance. Esprits déliés, ils prennent aisément le ton du milieu où ils se trouvent. C'est une erreur de croire que tous les Italiens sont bavards[1]. L'uomo di cotello, par exemple, — l'homme violent — est bavard, mais les très nombreux politiciens d'affaires, les succhioni — les suceurs — et les boutiquiers parlent peu. L'Italien du Sud présente avec l'Italien du Nord des différences psychologiques irréductibles dont nous n'avons pas à nous occuper ici. L'Italien du Sud est plus exubérant, s'extériorise sans cesse par la parole et le geste, adore les discours bruyants. Comme ses yeux veloutés sont expressifs pendant qu'il parle ! ses gestes mêmes sont éloquents et paraissent indispensables à sa parole.

L'Espagnol est accueillant, il vous invite à venir

de Bologne (6-11 avril 1911), à propos d'une communication faite par un congressiste, M. B. Croce répondit : « Il me faut le temps d'y réfléchir. » Il est significatif que cette condamnation justifiée des congrès vienne d'un Italien.

Au Congrès de psychologie de Genève (1909), M. Flournoy conseilla de remplacer toute organisation de congrès par la location d'un hôtel où vivraient pendant une semaine tous les congressistes, se réunissant et conversant entre eux librement. C'est encore une condamnation des Congrès.

1. Pendant l'été 1911, nous avons passé plusieurs semaines en Suisse, dans la haute montagne, en compagnie de plusieurs Italiens dont un seul, docteur ès lettres, était d'une verbosité morbide. Du matin au soir, à table, en excursion, sa bouche ne se fermait positivement jamais. Aucune branche des connaissances humaines ne lui paraissait être étrangère. Ses compatriotes l'appelaient « le robinet. »

le voir. « Tiene Usted su casa », vous avez votre maison. Mais cette affabilité est de surface. Il est défiant, susceptible, obstiné. Les Espagnols sont bavards et grandiloquents. L'homme du peuple parle aussi purement sa langue et se sert des mêmes formules pompeuses que l'homme cultivé, mais le nombre des illettrés est évalué à 60 p. 100, et beaucoup de « lettrés » savent à peine signer leur nom. Le Portugais, dont la langue est molle, parle moins que l'Espagnol. Avec le mot *Paciencia !* — patience — qu'il a toujours à la bouche, il évolue plus normalement que l'Espagnol auquel il s'estime supérieur. L'instruction est beaucoup plus répandue en Portugal qu'en Espagne, le mouvement des idées y est renfermé dans un horizon moins étroit.

On a dit souvent que le trait commun des Latins était une douce frivolité. « Lorsque hommes et femmes — chez les peuples latins — se réunissent pour une cause quelconque, leur seul but, conscient ou inconscient, est de se faire la cour. Littérature, art, science ou politique, tout n'est que prétexte pour se plaire et se dire des choses aimables qui excitent la volupté. » Nous croyons plutôt que leur véritable trait commun est un auto-dénigrement intensif, particulièrement développé chez les Français, qui tient, sans doute, à leur amour excessif du bavardage.

Les Anglo-Saxons et les Germains prétendent que

les peuples latins prennent les mots pour des faits. Peut-être, mais ils ont ce qui manque aux autres : le sourire. Le sourire, — quand on ne le confond pas avec le ricanement, — est la synthèse de l'âme humaine. Toutes les formes de la pensée et de la conscience peuvent s'unir en lui et s'y confondre en une symphonie harmonieuse.

III

Les Anglais. — L'Anglo-Saxon est beaucoup moins bavard que le Latin, il est hanté par cette idée qu'il n'a pas de temps à perdre. Pour Carlyle, les Anglais sont un peuple de muets, mais il ajoute que le silence les met en rapport, en harmonie avec ce que la langue n'exprime pas, « congruity with the unuttered... Ils peuvent faire de grandes choses mais non les décrire. Pareils en cela aux anciens Romains et à quelques autres peuples, leur poème épique est écrit sur la surface de la terre, avec l'Angleterre pour marque !... Le dernier chien de la science a libre pouvoir de parler, mais le cheval de guerre est presque muet, bien loin d'être libre ! A vrai dire, vos libres pouvoirs de parler ne sont, en aucun sens, ce qu'il y a de mieux ; c'est plutôt ce qu'il y a de pis, de plus faible, de plus trivial ; leur sens est prompt, mais mesquin et éphémère. Parlez-moi des silencieux Anglais, des silencieux Romains... Tandis que vos Français, toujours parlant, toujours gesticulant, que sont-ils en train de discipliner?... De toutes les nations composant actuellement le monde, la nation anglaise est la plus stupide en paroles, la plus sage en action, presque une nation « muette » qui ne peut pas parler et n'a jamais encore parlé jusqu'ici... Ton cœur, Bull, est plein de tristesse, de chagrins tus, de sérieux — une mélancolie profonde étant la base de ton être. Inconsciemment, car tu ne parles de rien, tu sens que ce grand univers est grand... Tu es de ces grands hommes dont les petits passants ne discernent pas la grandeur... L'intelligence parlée de l'Anglais n'est presque rien, les neuf dixièmes en sont de la palpable inintelligence ; mais son intelligence non parlée, son sentiment intérieur et silencieux de ce qui est vrai, de ce qui s'accorde avec le fait, de ce qui est faisable et de ce qui ne l'est pas — voilà qui n'a pas son pareil au monde[1]. »

Nationalisme exagéré à part, les observateurs étrangers sont d'accord avec Carlyle. Boutmy[2] a noté que l'Anglais sent moins qu'un autre les liens de la société humaine, qu'il emprunte peu pour sa formation morale à ses relations avec les autres

---

1. Thomas Carlyle's Works. T. I-II. *Past and present.* London, 1885. Trad. en franç. par Camille Bos sous ce titre : *Cathédrales d'autrefois et usines d'aujourd'hui. Passé et présent,* chap. v. *L'Anglais.* Ed. de la *Revue blanche,* Paris, 1901.

2. *Ouv. cité,* p. 153.

hommes, qu'il ne s'informe guère de ce qu'ils pensent ou que, s'il s'en informe, il n'en tient pas compte dans ses sentiments et dans ses actes. L'Anglais reste à un haut degré un solitaire ; il est plus séparé qu'on ne l'est ailleurs du monde dans lequel il vit, des visions qu'il coudoie. Ce qu'il éprouve en lui-même est rarement une simple copie de ce qu'il voit au dehors. Cela tient sans doute à cette particularité essentielle que son imagination se forme surtout au dedans, par un travail intérieur qui ne doit aux sensations intermittentes que des points de départ et quelques rudiments bien vite transformés. Pour Boutmy, l'Anglais est bien plus qu'un Français ou un Italien, par exemple, un individu, et c'est en ce sens qu'il faut entendre cet individualisme fondamental dont on a fait avec raison l'un des attributs du génie britannique.

Selon Fouillée[1], au lieu de spéculer à perte de vue comme le Germain, l'Anglais observe ; au lieu de déduire, il induit ; aux vastes synthèses, aux généralisations, aux abstractions, il préfère l'analyse patiente des faits particuliers et concrets. Le Français intellectualiste joue très souvent avec les notions et les déductions qui le charment indépendamment des résultats pratiques ; comme le Grec, il est artiste en idées. Si ses raisonnements se tournent en actes,

1. *Esquisse psychologique des peuples européens*, p. 201 ; Paris, F. Alcan.

c'est qu'ils ont éveillé en lui une de ses passions
fondamentales; il les réalise alors immédiatement,
par une sorte d'impulsivité. Tout autre est, chez
l'Anglais, le rapport de la pensée à l'acte. Chez lui,
ce n'est pas le besoin de penser qui domine, c'est le
besoin d'agir. Penser, pour l'Anglais, s'exprime
même souvent par le mot realiser, réalize. M. Bardoux [1] qui a étudié, de près et longuement, le peuple
anglais, admet que c'est le monde intérieur qui est
le régulateur de l'activité cérébrale de l'Anglais. Le
temps que des hommes d'autres nations consacrent
à l'analyse de leurs sensations, l'Anglais l'emploie
au travail de l'intelligence... Eprises, avant tout, de
réalités individuelles et sensibles, évitant de se concentrer dans l'examen des caractères généraux et
des synthèses, les pensées concrètes de l'Anglais se
complaisent dans l'observation des faits, ne faisant
nul cas des abstractions et des formules conventionnelles. Le caractère propre de la pensée anglaise
apparaît dans la langue qu'elle emploie, les œuvres
qu'elle produit. Par leurs abréviations progressives,
les mots ont la rapidité des gestes : ils se prêtent aux
transactions d'énergies, qui hésitent peu, agissent
vite. Par leur force expressive, ils ont la netteté des
images : ils traduisent les besoins d'intelligences
réalistes. Par leur nombre infini, ils ont la variété

1. *Essai d'une psychologie de l'Angleterre contemporaine*, p. 14 et
suiv.; Paris, F. Alcan, 1906.

des visions. L'Anglais est à la fois isolé et social. La pensée, rebelle aux jongleries d'idées abstraites, éprise des faits accumulés ou des images évoquées, est incapable de se complaire dans le choc désintéressé de deux esprits affinés : de même que sa sensibilité lente et contenue ne se prête point aux confessions ni aux analyses. M. Bardoux ajoute : « Si l'Anglais n'est pas « mondain », il est citoyen ».

Malgré leur amour pour l'isolement, les Anglais savent se grouper et pratiquent l'association. Ils ne se réunissent pas pour bavarder sans but, ils s'allient pour agir. Dans le silence, les Anglais ont le pouvoir de combiner, de concentrer leurs idées, de les exprimer ensuite avec précision et aplomb, d'où résulte une action nette. Comme leur action individuelle, ils savent concentrer leur action commune avec une force d'autant plus réelle qu'elle n'est pas éparpillée, mais dirigée vers un point bien déterminé et défini. L'Anglais ne compte jamais sur son verbiage, mais sur son effort, et si modeste que soit la place qu'il occupe dans la société, il se sent, partout, Anglais, attaché à son pays, membre de la grande famille anglaise et, dans toutes les circonstances, socialement libre.

Toutefois, la jeune génération ne dédaigne pas la phraséologie. Les étudiants d'Oxford et de Cambridge — nous l'avons vu dans le chapitre iv — s'initient aux joutes oratoires.

IV

Les Allemands. — L'Allemand est moins sociable, moins expansif et par conséquent moins bavard que le Français. Il sait se passionner et être enthousiaste, mais sa vie est plus « objective ». Cependant, l'Allemand confond souvent l'*objectif* avec le *subjectif*, d'où la profondeur apparente, mais aussi la confusion de ses idées, la quasi prédominance de la pensée sur les mots, mais aussi une sorte d'auto-persuasion superficielle. Nous n'irons pas jusqu'à dire que les Allemands imposent à l'homme, convaincu de la vérité de ses propres idées, l'impérieux devoir d'être avant tout inintelligible, mais il est incontestable que les Allemands prennent, souvent, l'obscurité pour de la profondeur.

Si dans la vie pratique, l'Allemand est aussi discipliné que l'Anglais, la pensée allemande est moins disciplinée que la pensée anglaise ; elle ne s'épanche pas, ne s'illumine pas, si l'on peut s'exprimer ainsi, comme la pensée française, mais souvent elle déborde, lentement ou brusquement, elle ne craint pas de dépasser certaines limites fixes, de s'éloigner de la voie tracée. Nietzsche, tout comme Schopenhauer, eût pu prendre pour épigraphe ces quatre vers de Gœthe :

Warum willst du dich von uns allen
Und unsrer Meinung entfernen ? —

Ich schreibe nicht euch zu gefallen,
Ihr sollt was lernen [1].

La clarté, la netteté, l'élégance sont des manifestations précieuses de la langue française ; dans la
grammaire, elle sacrifie souvent la logique à la
clarté. La langue anglaise est concise et pratique.
La langue allemande est rude et énergique, elle ne
se soucie guère de l'euphonie et de l'harmonie,
mais de la substance. (Comme sa langue, l'Allemand
est rude et tenace.) Elle se prête moins bien à la
conversation que la langue française. « Si hardie
dans les livres, la langue allemande est singulière-
ment asservie en conversation... C'est un instrument qui sert très bien quand on veut tout peindre
ou tout dire : mais on ne peut pas glisser avec l'allemand, comme avec le français, sur les divers
sujets qui se présentent. Si l'on voulait faire aller
les mots allemands du train de la conversation française, on leur ôterait toute grâce et toute dignité.
Le mérite des Allemands, c'est de bien remplir le
temps ; le talent des français, c'est de le faire oublier.
L'on entend rarement parmi les Allemands ce qu'on
appelle des bons mots : ce sont les pensées mêmes,
et non l'éclat qu'on leur donne, qu'il faut admirer.
Dès que l'entretien ne porte pas sur les intérêts

1. *Zahme Xenien.* « Pourquoi t'éloignes-tu de nous tous — et
rejettes-tu nos opinions ? » —- « Je n'écris pas pour vous plaire,
— mais pour vous apprendre quelque chose ».

communs de la vie, et qu'on entre dans la sphère des idées, la conversation en Allemagne devient trop métaphysique[1] ».

La langue allemande a beaucoup évolué depuis le fameux livre de Mme de Staël, elle est devenue plus positive, plus pratique, — pas autant que la langue anglaise, — mais elle ne se prête toujours pas à la conversation légère et sans but. De nos jours, les salons où l'on cause sont très peu nombreux dans les grands centres de l'Allemagne, à Berlin ou à Munich, par exemple[2].

Les Allemands aiment l'éloquence, mais lente, pondérée, calme, abstraite. Les Allemands du Sud sont moins habiles à manier la parole que ceux du Nord. Ils aiment aussi la discussion et la contradic-tion, mais, esprits réalistes et logiques, ils intro-duisent partout une méthode et une discipline. Qu'ils discutent sur les antinomies dans la philosophie de Kant, sur une question politique ou esthétique, ils le font avec une énergie soutenue, mais patiente et méthodique. Dans leurs vereins, les étudiants alle-

---

1. De Staël, *Ouv. cité*, ch. xii.

2. Mais les écoles primaires abondent et ces immenses bâtisses, avec tout le confort moderne, diffèrent sensiblement des modestes écoles des campagnes françaises. En France, l'enfant fréquente l'école jusqu'à l'âge de treize ans. En Allemagne, l'instruction post-scolaire est obligatoire. Tous les garçons de quatorze à dix-sept ans sont obligés de suivre les classes d'adultes, une fois par semaine en été, deux fois en hiver, de cinq à sept heures du soir. S'ils travaillent, le patron leur paye les heures passées à la Fort-bildungschule et les laissent libres bien avant l'heure du cours.

mands parlent peu, aucune conversation suivie,
aucune discussion passionnée. Cependant, les Anglais ont raison de dire : When Germans meet they
must scream. Les Allemands ne peuvent se rencontrer sans crier. Ils parlent trop fort. La manie des
querelles chez les Allemands, Querulantenwahnsinn,
n'est pas non plus une simple légende.

Heine[1] prétend que les Allemands sont plus ran-
cuniers que les peuples d'origine romane. « Nous
ne nous fâchons pas pour des choses futiles, comme
vous le faites, pour une piqûre de vanité, pour une
épigramme, non, nous haïssons chez nos ennemis
ce qui est le plus essentiel, le plus intime, la pensée.
Vous êtes prompts et superficiels dans la haine
comme dans l'amour. Nous autres Allemands, nous
détestons radicalement et d'une manière durable.
Trop honnêtes, et peut-être trop gauches pour nous
venger par la première perfidie venue, nous nous
haïssons jusqu'au dernier soupir. »

Le peuple qui a un seul mot pour dire *pardonner*
et *empoisonner* — le mot *vergeben*, — est un peuple
complexe.

V

Les Russes. — Le peuple russe — les moujiks —
est plutôt taciturne. Rien de plus frappant qu'une

1. De *l'Allemagne. De Luther à Kant.*

réunion du *Mir* dans un village quelconque. Toutes les affaires de la communauté se décident en quelques mots brefs, quelques gestes et... beaucoup d'eau-de-vie. Même les négociants, les industriels traitent leurs affaires dans les traktirs où ils parlent peu et boivent beaucoup.

Le Russe de la classe dirigeante et de la classe instruite est bavard. Ayant trop vécu dans une atmosphère de conspirations et de périls, le Russe appartenant à l'*intelliguentia* ne dévoile pas ses pensées intimes devant le premier venu, mais quand il sait qu'il peut parler, il donne libre cours à sa verbomanie. Les Russes croient qu'il suffit de proclamer des principes pour en réaliser les conséquences, de faire un seul discours pour modifier les coutumes et les mœurs. Ils sont convaincus que les mots avancent le progrès. La liberté de la parole n'existant pas encore complètement, même de nos jours, la phraséologie fleurit dans les réunions clandestines et dans les salons où les uns désorganisent et réorganisent l'humanité, en discours, et les autres exaltent le génie russe. Les vrais révolutionnaires, ceux qui peuplent les prisons et la Sibérie, ne sont pas bavards.

Les visites sont plus fréquentes en Russie qu'en France, par exemple. Les Russes, même d'âge mûr, vont beaucoup plus dans le monde que les Français. Il n'y a pas de pays, où, proportionnellement à la

population urbaine, il y ait plus de salons et de réceptions. Autant de salons, autant de parlotes. Le
Russe a sa maison ouverte. On y vient sans cérémonie.

Aucun pays ne possède autant de demi-savants et
d'autodidactes que la Russie : esprits faux, orgueil-
leux, verbomanes. Il suffit que X... ait publié, dans
sa jeunesse, une poésie larmoyante ou un article
quelconque semé de mots étrangers, pour qu'il se
considère, toute sa vie, comme un grand homme.
Les taciturnes et les verbomanes incompris abondent
en Russie.

Pour les Russes, tout comme pour les Français,
prononcer un discours, c'est sauver non seulement
un parti ou un clan, mais, le plus souvent, l'humanité entière. Mais tandis que le Français se contente
de la forme verbale, le Russe attache une importance
considérable au fond, aux idées, généralement empruntées et, souvent, mal digérées.

Nous avons banni de cet ouvrage toute documentation littéraire ; il nous semble, cependant, qu'il
ne serait pas déplacé de faire une exception, sans
en abuser, pour le roman russe dont la richesse psychologique n'est plus à démontrer et qui reflète réellement la société russe[1]. Depuis Gogol jusqu'à
Gorki, on découvre chez les romanciers russes des

1. Ossip-Lourié, *La psychologie des romanciers russes au XIXᵉ siècle.*

pléiades de taciturnes et de verbomanes. Laissons de
côté les taciturnes, puisqu'ils ne nous préoccupent
pas, et évoquons, un instant, Chlestakhov et Roudine, deux verbomanes-types du roman russe. Chlestakhov[1] narre ou plutôt est obligé par les événements
de narrer des histoires invraisemblables, mais il
croit ce qu'il dit; il est persuadé de dire la vérité
quand il raconte qu'il a la première maison de Saint-
Pétersbourg, qu'il donne des soirées et des bals,
qu'on sert chez lui des pastèques de 700 roubles, que
le bateau à vapeur apporte le potage directement de
Paris dans une casserole spéciale... « ... J'ai été une
fois directeur du cabinet du Ministre... par intérim...
Le directeur était parti on ne savait où... Alors,
naturellement, on se demandait qui pourrait occuper
cette place. Au moment d'entrer en fonctions, tous
ceux qui s'étaient proposés reculaient; cela paraît
être facile, mais quand on veut s'y mettre, c'est
effrayant. On s'adressa à moi. On m'expédia courrier sur courrier, on dépensa 30.000 roubles en cour-
riers. Je les ai tous reçus en robe de chambre.
J'étais un peu troublé, je voulais refuser, mais j'ai
consenti quand même : « Messieurs, j'accepte ces
fonctions, seulement que tout le monde prenne
garde... » Chlestakhov ne cherche pas à tromper, il
ne ment pas par métier, il s'illusionne sur lui-

---

1. Le principal héros du *Révizor*, célèbre comédie de Gogol.

même et, bien entendu, sur ce qu'il dit. Dès qu'il voit qu'on l'écoute, il se met à parler avec plus de facilité et de liberté. Tout en débitant des mensonges, il parle franchement, de tout cœur, il se montre tel qu'il est. Il ne ment pas froidement, il ment avec plaisir ; son regard exprime la joie qu'il en éprouve. C'est de la véritable inspiration, c'est le meilleur et le plus poétique moment de sa vie. Il parle avec une certaine autorité, sa nature mesquine ne se manifeste que dans les cas qui demandent du vrai caractère et de l'esprit. C'est un verbomane impulsif.

Roudine[1], lui, ne sait pas narrer, raconter, inventer, mentir ; ses histoires, ses descriptions manquent de couleur, mais il sait généraliser, esquisser des tableaux en traits larges et énergiques. C'est un intellectuel. Tenir cercle est son affaire. Plus d'un auditeur ne le comprend peut-être pas parfaitement, car il y a du vague dans ses paroles, mais ce vague même ajoute encore au charme particulier de son discours. Il semble qu'une trop grande richesse d'idées empêche Roudine de s'exprimer avec exactitude et précision. Les images se succèdent aux images, les comparaisons naissent les unes des autres, tantôt pleines d'une hardiesse inattendue, tantôt empreintes d'une vérité saisissante. Il ne cherche pas ses expressions. Les mots viennent d'eux-mêmes

1. Le principal personnage de *Dimitri Roudine*, roman de Tourguéniev.

sur les lèvres obéissantes et l'on dirait que chacun d'eux s'exhale droit de son cœur tout brûlant
encore du feu de sa conviction. Roudine est un verbomane éloquent. Debout, ne regardant personne,
il parle, il parle encore, il parle toujours, inspiré
par un rien. L'attention générale lui est acquise. Le
son bas et concentré de sa voix augmente encore le
prestige. On dirait que ses lèvres expriment des
choses supérieures auxquelles il ne s'attend pas lui-
même. Il connaît, sans doute, le peu de valeur de
ses paroles, il les prononce pourtant comme si elles
sortaient de son cerveau. Il se délecte au bruit de ses
propres phrases. Il porte de salon en salon ses im-
provisations vides, et partout il est fêté comme un
jongleur. Il prend la parole à la première occasion
qui se présente. On l'écoute avec admiration, mais
on oublie vite ce qu'il a dit, tout en restant longtemps sous l'influence de son éloquence émotive. Il
n'est jamais à court de belles paroles, mais il est
incapable d'une décision ferme, d'une action sensée.
Les paroles de Roudine ne sont et ne seront jamais
que des paroles, ne deviendront en aucun cas des
actions. Il développe admirablement la première
idée venue et discute à merveille, mais ses idées ne
naissent pas dans son propre cerveau, il les prend à
tout le monde.

La race des beaux parleurs a de tout temps pul-
lulé en Russie, les Roudine y sont très fréquents.

Chez Dostoïevsky il y a peu de verbomanes, mais beaucoup de taciturnes. L'auteur de *Crime et Châti-ment* qui, par un don singulier d'intuition, décrivait avec une exactitude scientifique les manifestations de telle maladie mentale qu'il voulait représenter, était lui-même un silencieux. « Je n'aime pas parler longuement et à haute voix, même en présence de mes amis, qui sont d'ailleurs bien peu nombreux ; devant le monde je parle encore moins ; de sorte qu'on m'a fait la réputation d'un homme taciturne, laconique et insociable... En général, je ne suis pas éloquent et je n'aime pas parler en présence d'étrangers. J'évite les grandes discussions et je cède volontiers, pourvu qu'on me laisse tran-quille[1]. »

Chez Tolstoï, chez Tchékhov et même chez Gorki nous trouvons beaucoup de verbomanes. Nous ne croyons pas nécessaire de multiplier les exemples.

Très suggestible et très crédule, le peuple russe est très sensible à la phraséologie. La crédulité de toute foule n'est plus à démontrer, la crédulité du peuple russe est particulièrement prodigieuse. Les suicides collectifs qui sont très fréquents en Russie, ont pour causes la crédulité du peuple et la sugges-tion des verbomanes. Les premiers cas de suicides collectifs en Russie, suicides accomplis uniquement

1. Dostoïevsky, *Ma défense.*

sur le conseil des prédicateurs, datent du xviie siècle (vers 1660). Exaltés par les paroles des verbomanes, les croyants se laissaient mourir pour se purifier du péché. Dans la forêt de Veltouga [1], un vieillard avait fondé un établissement spécial qui eût pu porter le nom de *Maison de suicide par la faim*. C'était un édifice sans fenêtres ni portes dans lequel les jeûneurs s'introduisaient par le toit. C'est par centaines que le vieillard entassait là les moujiks que sa parole enflammée décidait à mourir de faim. Depuis cette époque, on trouve très souvent, en Russie, des suicides collectifs, par la faim, par le feu, par le fer, par la noyade; on voit apparaître des prédicateurs, des prophètes, qui, dans un accès de délire de verbomanie, prêchent, ordonnent de mourir. Ces exhortations ont toujours produit et produisent encore de nos jours une impression très puissante sur la masse ignorante. L'affaire des emmurés de Ternov, due à la suggestion d'un verbomane illuminé, date d'une dizaine d'années. Les noms de Volosaty, du pope Seméon, du diacre Ignace, de Bikov et d'autres prédicateurs verbomanes sont connus de tous ceux qui ont étudié l'histoire du Raskol. Il y a parmi eux des convaincus, des altruistes, mais il y a aussi des exploiteurs de la superstition populaire : ils persuadent aux ignorants de mourir, sans donner eux-

---

1. Smirnov, *Vnoutrennié voprossy v rouskom raskolé*. Saint-Pétersbourg, 1898.

mêmes l'exemple, sous prétexte d'aller se rendre utiles ailleurs.

C'est la verbomanie subjective qui a fait échouer la dernière révolution russe. Les Russes ne sont pas encore arrivés à envisager les problèmes de la vie sociale et politique au point de vue objectif. Chez eux la politique ne s'est pas encore différenciée de la religion dogmatique. Ceux qui ont abandonné le culte religieux lui ont substitué le culte des formules et des principes empruntés à l'étranger. Ils ont pris dans le parlementarisme européen tout ce qu'il y a déjà de caduc et de décadent. La phraséologie ne fait pas de révolution. Là où l'action s'impose, la verbomanie échoue toujours.

VI

L'histoire de la parole se confond, dans tous les pays, avec l'histoire de la liberté et de la pensée. Quand le silence est imposé, la déchéance n'est pas loin. Mais l'abondance exagérée et déréglée de la parole est aussi un signe de la décadence chez les uns, de la non-maturité chez les autres. La verbomanie comme cause de la non-maturité d'une part et de la décadence d'autre part nous semble évidente. La verbomanie est une maladie sociale, maladie qui progresse avec les générations successives jusqu'au jour où la stérilité mentale éteint la famille, la société, la nation.

Une excursion dans l'histoire des peuples montrera à qui voudra se donner cette peine, le rôle néfaste de la phraséologie morbide. Le peuple qui cultive trop l'art de parler laisse s'atrophier l'art d'agir.

Quand on jette un coup d'œil sur l'évolution de l'esprit humain, on est frappé de la lenteur avec laquelle la pensée, masquée par la parole, parvient à se répandre et surtout à être comprise et traduite en acte. Le xixe siècle a fait un effort immense vers le progrès, pourquoi la disproportion entre l'effort et le résultat final est-elle si grande ? Le retentissement des paroles sonores empêche-t-il d'apercevoir la distance qui sépare les idées et les faits ? Devant le résultat négatif de son labeur, malgré l'ardente sincérité de son désir d'aboutir à quelque chose de positif, l'homme devient inquiet et cette inquiétude gagne de plus en plus la société. Le malaise social, le malaise universel, indéniable, que l'humanité traverse de nos jours, provient de l'erreur du xixe siècle de confondre les mots, les idées, les actes. Les verbomanes du siècle dernier prenaient leurs paroles et leurs désirs pour la réalité, et nous avons continué et nous continuons à marcher dans la même voie. La verbomanie par sa fréquence est devenue un fléau social, un fléau universel. Une

espèce d'épilepsie verbeuse a envahi individus et
nations et paralyse leurs mouvements. Le laby-
rinthe de subtilités verbeuses où nous nous débat-
tons, crée l'équivoque entre le possible et l'impossible, entre la réalité et le rêve. Si les mots de
Leibnitz : « Le présent, engendré du passé, est gros
de l'avenir » sont vrais, jusqu'à quel point extrême
la verbomanie évoluera-t-elle ?

Si nous ne voulons pas sombrer ou être rejetés
brusquement en arrière, le moment n'est-il pas
venu de faire, loyalement, notre examen de conscience et de vérifier la valeur des mots et des formules que nous continuons à jeter dans le mouvement ? Chose curieuse, inquiétante, dans tous les
cas, digne de notre attention : le xixᵉ siècle, siècle
des formules, ne nous a pas laissé de *formule de la
manière de vivre.* Or, aucun changement, nul progrès
réel n'est possible tant que nous ne trouverons pas
le secret d'unifier nos paroles et notre manière de
vivre.

CHAPITRE IX

LA PROPHYLAXIE. — LA THÉRAPEUTIQUE
(CONCLUSION)

I. — 1. La guérison de la verbomanie, très difficile, n'est pas impossible. — Le traitement doit être, avant tout, prophylactique. — 2. L'éducation des enfants prédisposés à la verbomanie. — Le devoir des parents. — 3. L'étude de la fonction et du sens des mots doit être l'un des éléments essentiels de la pédagogie. — La réduction du nombre et des heures de classes et de cours.

II. — 1. La croisade contre la phraséologie. — La verbomanie s'éliminera elle-même dès que diminuera l'importance sociale qui y est attachée. — Traitement curatif. — L'isolement temporaire est le seul moyen à essayer dans la verbomanie. — Les retraites obligatoires et les retraites facultatives. — 2. A notre époque de neurasthénie générale, tout pays civilisé devrait posséder des couvents laïques où les représentants des moteurs nerveux de la société pussent se reposer et, pour ainsi dire, se ressaisir. — Exagérée, mal comprise, la loi du silence de certains ordres religieux est monstrueuse, mais elle contient quelque chose de juste et de moral. — Le cloître monacal serait un non-sens pour les hommes d'aujourd'hui, mais dépouillée de toute contrainte dogmatique, la retraite temporaire est le meilleur mode de psychothérapie.

III. — 1. La perspective d'une vie isolée de quelque durée inspire à la plupart des hommes une crainte non justifiée. — Les avantages et la philosophie de la solitude. — 2. L'isolement seul ne suffit pas, le silence est encore nécessaire. — Nous sommes malades, moralement et socialement, parce que nous parlons trop, le silence temporaire est pour nous un remède hygiénique. — La psychologie du silencieux et du taciturne. — 3. La su-

périorité de l'homme se mesure à sa faculté de supporter la
solitude et de savourer la douceur féconde du silence.

I

1. — La verbomanie est une maladie psycho-
sociale, puisqu'elle se rattache étroitement à l'organisation collective ; elle est la résultante des diverses
causes que nous avons esquissées dans les pages
précédentes ; elle naît d'une contagion et se développe grâce à une mauvaise hygiène familiale, pédagogique, morale et sociale. Ce fléau, aussi contagieux, aussi dangereux que la tuberculose et
l'alcoolisme, est tellement profond, tellement ancré
dans nos sociétés humaines que sa guérison est
devenue très difficile, mais elle n'est pas impossible.

La cure doit être minutieuse, elle exige des conditions d'hygiène familiale, pédagogique et sociale,
elle veut une surveillance attentive, une direction
compétente. Le traitement de la verbomanie doit
être, avant tout, prophylactique et dirigé contre
les racines du mal. La prophylaxie est la meilleure
partie de la médecine psychique et de la médecine
morale et sociale, elle a donc ici une très belle
tâche à remplir. La prédisposition à la verbomanie
n'est pas encore la maladie et il est dans le domaine
de la possibilité d'en préserver l'enfant et l'adolescent, en leur indiquant comment lutter contre les
influences morbides.

Le traitement curatif de la verbomanie n'est pas une question médicale, il ne se décompose pas en autant de variétés que nous connaissons de variétés maladives dans les individus, il généralise ses procédés, les rattache aux systèmes de l'éducation et aux mœurs régnantes.

Le but de cet ouvrage étant, avant tout, de poser le problème de la verbomanie, sans chercher à le résoudre, nous ne voulons pas nous laisser entraîner hors des limites que nous nous sommes tracées et nous nous bornerons à esquisser, très sommairement, en guise de conclusion, quelques modes thérapeutiques propres à combattre cette affection.

2. — Il ne faut jamais perdre de vue l'influence omnipotente que les mots exercent sur les enfants et les jeunes gens chez qui l'accumulation des mots est indépendante des idées qu'ils sont capables de comprendre. L'éducation des enfants prédisposés à la verbomanie doit donc commencer de bonne heure. Avant l'âge scolaire, la famille doit veiller à ce que les enfants comprennent, suivant le développement de leur intelligence, les mots qu'ils prononcent. Dès qu'on est arrivé à développer chez les enfants la faculté de s'exprimer clairement, dès qu'on est arrivé à façonner pour ainsi dire, chez eux, la parole nette, on doit chercher moins à la développer davantage qu'à la maintenir au degré normal.

Le devoir des parents est d'expliquer les mots

aux enfants avant l'âge scolaire, suivant le degré de leur entendement, de relever et de rectifier les irrégularités, les caprices du sens des mots. Il faut que les enfants connaissent exactement le sens du mot et de l'ensemble des mots qu'ils emploient, il faut qu'ils apprennent à préciser, à définir, autant que cela est possible, à limiter le sens des mots acquis par eux.

On ne doit pas permettre aux enfants de parler trop vite et de répéter les mots et les phrases qu'ils ne comprennent pas. Il faut leur enseigner, par des exemples, qu'en une seule phrase ou un seul mot bien employé on peut exprimer une quantité de choses.

Habituer les enfants à rester *seuls*, au moins un quart d'heure par jour, et ceci non comme punition, mais comme nécessité psycho-thérapeutique : le recueillement, la méditation sont aussi nécessaires à la vie que le mouvement.

3. — Ce serait peut-être trop que de demander la création d'établissements médico-pédagogiques où le médecin et le pédagogue alterneraient pour transformer la mentalité des jeunes verbomanes, mais nous estimons que la linguistique doit devenir l'un des éléments essentiels de la pédagogie. Il est nécessaire, il est indispensable d'introduire dans l'enseignement, dès l'école primaire, l'étude de la fonction et du sens des mots. Il ne s'agit pas d'in-

troduire l'étude de la sémantique à l'école primaire, il est compréhensible que tout appareil d'érudition y serait déplacé. Il s'agit non des transformations évolutives, mais du sens des mots.

La science du langage a été jusqu'à présent cultivée par un tout petit nombre de savants théoriciens n'aspirant qu'au seul but d'apprendre ce qu'est le langage. Laissons ce petit nombre sur les hauts sommets des recherches et de la spéculation, mais n'oublions pas qu'il n'est pas inutile d'en faire descendre, de temps en temps, les richesses accumulées et de les mettre à la disposition des autres.

Nous aimerions voir instituer, dans certaines écoles à déterminer, des cours pratiques de conversation où les élèves apprendraient non à discourir, mais à s'exprimer nettement, à dire exactement ce qu'ils veulent dire, à ne jamais accepter et employer un mot sans le bien comprendre et à tendre toujours leurs efforts à serrer de plus près, à condenser l'expression.

Il serait indispensable de réduire, dans les Lycées et aussi dans les Facultés, le nombre (et les heures) de classes et de cours souvent inutiles. Le cadre des chaires et du personnel enseignant, dans les Universités, doit être mobile. Il est temps de reviser nos méthodes pédagogiques pour s'assurer si, au lieu de perfectionner, elles n'entravent pas les facultés intellectuelles.

Il faut apprendre aux élèves la valeur morale du silence, car si le spectacle de la vie sociale, la vie passée au milieu de nos semblables, offre des moyens d'édification, c'est l'isolement et le travail solitaire qui nous habituent à nous assimiler tout ce qui nous a été servi, au passage de la vie, en aliments intellectuels : si l'instinct de sociabilité soutient, souvent, notre lutte et nos efforts, la méditation nous fournit à chaque instant des forces morales nouvelles et des encouragements.

Les paroles de Publius Syrus : *Vel taceas, vel meliora dic silentio* [1], devraient être gravées dans toutes les salles d'études et dans tous les amphithéâtres.

II

1. — Quant aux nombreux verbomanes qui encombrent la vie sociale, bien qu'en l'état actuel de nos mœurs, les limites de notre pouvoir soient fort restreintes en face de si redoutables adversaires, nous avons cependant assez de moyens de prévenir les malheurs engendrés par eux. L'un des moyens les plus efficaces, c'est de lutter, chacun dans son entourage, contre les verbomanes, les remettant à leur place véritable, faisant peu de cas de leur

1. Vous devez vous taire, ou vos paroles doivent valoir mieux que votre silence.

phraséologie. Il faut que les peuples civilisés veuillent avoir le courage d'entreprendre cette croisade pour l'œuvre de régénération sociale [1]. La verbomanie s'éliminera elle-même dès que diminuera l'importance sociale qui y est attachée.

Passons au traitement curatif. Le seul à essayer dans la verbomanie est l'isolement : il y a des verbomanes dont on compromet gravement la guérison en retardant leur isolement temporaire. Il ne s'agit pas de séparer le verbomane du milieu ambiant qui agit sur son système nerveux d'une manière excessive dans le sens de l'excitation et le pousse vers la phraséologie, il faut surtout substituer au milieu qui exerce sur le sujet une influence morbide, un autre milieu plus favorable, plus approprié, plus efficace.

Il ne nous appartient pas d'indiquer ici les formes pratiques d'isolement temporaire. Les maisons de santé aménagées à cet effet, la campagne, la mer, la montagne n'étant accessibles qu'à des privilégiés, on pourrait, pour les autres, instituer des salles dans les asiles spéciaux. Quand un verbomane est nuisible, la société ne peut l'emprisonner ; mais elle peut s'en garantir en l'isolant, dans son propre intérêt, temporairement. Nous n'abordons pas la réalisation pratique du problème.

1. Dans un village de cent maisons une seule lumière était allumée. Alors un voisin vint avec sa lampe et l'alluma; et de la même manière la lumière fut communiquée de maison en maison et la clarté grandit dans le village. (Parabole hindoue.)

Ce qui est nécessaire, ce qui est souverainement indispensable, c'est l'organisation de retraites obligatoires, annuelles, de huit à quinze jours, par exemple, pour tous ceux qui sont appelés à prendre la parole en public, et aussi, sans restreindre la liberté qualitative de la parole qui est sacrée, en limiter la durée [1].

Tous les verbomanes ne sont pas assez gravement atteints pour mériter un long internement ; l'isolement temporaire serait pour eux le seul moyen de rétablir l'équilibre intellectuel et moral de leur conscience et surtout leur équilibre verbal.

Nous souhaiterions aussi l'organisation sociale de retraites facultatives pour ceux qui sont appelés, par leurs travaux, à jouer un rôle social et qui sont les premières victimes de la verbomanie : savants, écrivains, artistes.

2. — A notre époque de neurasthénie générale, tout pays civilisé devrait posséder des couvents laïques où les représentants des moteurs nerveux de la société pussent se reposer, intellectuellement, et se ressaisir, en s'exerçant à un travail manuel.

Le fondateur de l'ordre des Cisterciens (vulgairement dits *Trappistes*), Benoît (480-543), grand psy-

---

1. Aux paroles de Pline l'Ancien (*Naturalis historia*, XVIII, IV) : « *Perniciosum intelligi civem, cui septem jugera non essent satis.* C'est un citoyen dangereux, celui auquel sept arpents de terre ne suffisent pas, » il faut ajouter : et celui qui ne se contente pas de sept minutes pour parler en public.

chologue de l'âme humaine, a compris l'immense utilité morale et hygiénique de la contemplation alliée au travail. Il prescrit le travail, sous toutes ses formes, soit dans l'intérieur du monastère, soit dans les champs. Du travail, Benoît fait aux contemplatifs une obligation rigoureuse, il veut que les cisterciens vivent du produit du travail de leurs mains. Et non seulement Benoît, mais presque tous les fondateurs d'ordres contemplatifs, il faut bien le reconnaître, ont voulu le travail. Basile, Colomban, Antoine, Pacôme, tous ces hommes auxquels les catholiques donnent le titre de *saint*, considèrent comme moines indignes ceux qui cessent d'être laborieux. La vie commune et le silence.

Le silence revêt un caractère particulier chez les cisterciens réformés, puisque l'usage de la parole est supprimé et remplacé par un certain nombre de signes conventionnels, servant à indiquer les choses les plus usuelles. Exagérée, mal comprise, elle est monstrueuse, cette terrible loi du silence, si scrupuleusement observée, que le Père-hôtelier, chargé de recevoir les visiteurs, ne peut lui-même l'enfreindre que dans les endroits déterminés par la règle[1]. Mais, en principe, elle contient quelque chose de bon et de moral.

1. Dans certains ordres, ce silence est, cependant, d'une pratique relativement facile; on y admet de justes exceptions et en tout temps le religieux a la parole avec ses supérieurs et souvent avec d'autres, suivant les emplois qu'il remplit.

Il est peut-être étrange de parler de monastères, d'isolement et de silence dans un temps où la verbomanie à outrance fait bon marché de la solitude et du silence, où une seule chose compte : la parole, la parole et encore la parole. Loin de nous est l'idée de faire ici l'apologie du cloître, de la cellule, de la vie monastique. Benoît condamne absolument les plaisanteries et les paroles propres à exciter le rire : « Æterna clausura in omnibus locis damnamus ». Il ordonne la renonciation à la vie intérieure, au *moi* individuel, il prêche la mortification.

Nous ne voulons pas défendre le rire, nous ne prêchons pas l'abdication du désir, le renoncement à la vie individuelle et sociale. Il ne s'agit même guère d'une vie contemplative continuelle, capable, suivant les philosophes anciens, de donner la parfaite tranquillité d'âme, l'*ataraxie*.

Le cloître monacal serait un non-sens pour les hommes d'aujourd'hui. Le moine se retire de la société pour « sauver son âme », sa tentative, en principe, est égoïste. Nous voudrions la retraite temporaire, afin de calmer, de fortifier notre *moi*. Dépouillé de tout formalisme, de toute servilité, de toute contrainte dogmatique, l'isolement temporaire n'est plus une pénitence, un sacrifice, un moyen d'éviter les tentations, mais un recueillement, un mode de psychothérapie.

Tous les psychiatres s'accordent sur la grande

valeur curative de l'isolement. Qu'il s'applique à l'homme sain ou à l'homme malade, il est toujours un bienfait. « L'isolement agit directement sur le cerveau et force cet organe au repos en soustrayant l'individu aux impressions irritantes, en réprimant la vivacité, la mobilité des impressions, en modérant l'exaltation des idées et des affections [1]. » C'est une nécessité thérapeutique impérieuse qui s'impose après la fatigue intellectuelle. Plus le système nerveux est perfectionné et délicat, plus il est fatigable, plus il a besoin de périodes de calme, — beaucoup plus qu'après la fatigue musculaire.

La tendance à s'isoler se manifeste, à certaines périodes, chez les rares hommes supérieurs [2]. Pétrarque, Luther, Gœthe trouvent dans la solitude le recueillement, la perfection morale, la paix intérieure vers lesquels ils aspirent. Plus près de nous, Nietzsche [3] cherche la solitude « pour ne pas boire dans les citernes qui sont là pour tout le monde. Au milieu du grand nombre, je vis comme le grand nombre et je ne pense pas comme je pense ; au bout d'un certain temps j'éprouve toujours le sentiment que l'on veut m'exiler de moi-même et me dérober l'âme, et je me mets à en vouloir à tout le monde

---

1. Esquirol, *Ouv. cité*, t. I, p. 66.
2. Ossip-Lourié, *Le Bonheur et l'Intelligence*, pp. 117-128. F. Alcan.
3. *L'Aurore*, tr. Albert, p. 366.

et à craindre tout le monde. J'ai alors besoin du désert pour redevenir bon. »

L'abandon du milieu, pendant un certain temps, l'isolement bien compris est le meilleur agent thérapeutique pour l'homme fatigué, pour le névropathe, pour le verbomane, pour le malade.

III

1. — La perspective d'une vie isolée de quelque durée inspire à la plupart des hommes une crainte non justifiée. L'homme moderne a peur de rester seul, il sent qu'il trouverait le vide et le néant. Il préfère la compagnie du premier venu au silence et à l'isolement. Marcher, moralement isolé dans la multitude est une sensation délicieuse et rare, elle n'est pas accessible à la grande majorité des hommes. Il faut avoir un but déterminé, un idéal à poursuivre et à atteindre, il faut avoir les yeux fixés sur l'œuvre à accomplir et à réaliser pour bien comprendre la valeur morale de la solitude.

De nos jours, la solitude absolue est impossible, mais même temporaire et conditionnelle, elle est un bienfait inestimable. Et quand on parle solitude, il faut revenir au livre de Zimmermann [1], toujours jeune, où nous aurions beaucoup à puiser.

1. *La solitude*, 1756.

Le premier et le plus incontestable des avantages de la solitude pour l'esprit est d'accoutumer à penser ; c'est dans la solitude que les idées et les sentiments acquièrent leur force et leur élévation morale. Éloigné du tumulte fatigant du monde, où mille images étrangères, mille idées incohérentes voltigent sans cesse, on se dérobe à des influences néfastes ; on épure son goût ; on procure à son esprit des plaisirs qui le mettent au-dessus des petitesses et des banalités ; on échappe aux fausses idées qu'on adopte si facilement dans le monde, quand on se repose plus sur les opinions d'autrui que sur soi-même. Il est si insupportable d'être obligé de se dire : voilà ce qu'il faut sentir, éprouver, penser, raconter. Pourquoi n'aimerait-on pas mieux faire des efforts pour fixer ses sentiments et ses idées d'après sa propre nature et non d'après les autres ? « Que m'apprennent vos misérables et froides critiques ? Me font-elles mieux sentir ce qui est vraiment beau, vraiment noble, vraiment bon ? Comment puis-je fléchir devant ce tribunal partial, qui détermine la valeur des choses d'après des conventions arbitraires ?... Comme il est impossible d'avoir toujours une société agréable et intéressante, on en perd bientôt l'envie, et on se console par l'idée qu'il est incomparablement plus facile de chasser l'ennui dans la solitude que dans le monde. D'ailleurs, comme il est très rare qu'en sortant d'une société,

on rentre chez soi de bonne humeur, ce doit être
encore une raison de plus pour y renoncer facilement[1] ». Dans le monde, les hommes se trompent
mutuellement ; on y affecte des sentiments et des
idées qu'on n'a pas, on s'éblouit l'un l'autre, et
chacun finit par se faire illusion à soi-même. Dans la
solitude, on se connaît et on se juge plus exactement ;
on y apprend à estimer la sincérité, la simplicité et
à regarder la vérité en face. Toute la vanité que nous
tirons de notre savoir ou de notre situation sociale
disparaît. Notre tristesse même s'adoucit et finit par
guérir. Vivre avec soi-même est un art, un art très
difficile qu'on acquiert peu à peu, progressivement,
mais une fois acquis, il nous aide à secouer le joug
importun de nos préjugés et nous rapproche, pour
ainsi dire, plus près de nous-mêmes. Nous apprenons
ce que nous sommes et ce que nous pouvons être, nous
apprenons à nous élever, moralement, au-dessus
des tourments superficiels, à examiner la valeur des
actions humaines. Chaque heure de retraite et de
recueillement donne à notre esprit plus de force et
de solidité, plus d'aversion pour la verbomanie
humaine.

Ceux qui aspirent vers la solitude, prétend-on,
sont des égoïstes, ils n'aiment pas les hommes dont
ils cherchent, cependant, à attirer l'attention.

1. Zimmermann, p. 122.

Erreur. Les médiocres seuls s'occupent exclusivement d'eux-mêmes et seules la médiocrité et la vanité morbide parlent trop et font trop parler d'elles. La solitude n'empêche pas d'être en communion d'esprit avec les autres hommes. Il ne s'agit nullement de s'isoler pour trouver en soi les limites du monde. On peut aimer ses semblables et fuir leurs coteries verbeuses. La vraie bonté vit à l'écart, loin de tout tapage, mais elle est active et passionnée, autant que discrète et silencieuse.

La solitude est une école de la connaissance des hommes. Dans le monde nous recueillons des observations, nous réunissons des matériaux ; c'est dans la solitude que nous les mettons en ordre et que nous les élaborons. Il est salutaire de rechercher, avant tout, dans le spectacle des choses extérieures, un prétexte pour s'étudier soi-même et pour descendre au fond de son *moi*. C'est dans la solitude seulement qu'on découvre toutes ses ressources dont on n'avait pas l'idée, qu'on apprend à regarder en face les hommes et les choses, qu'on agite les questions les plus graves, qu'on assume les responsabilités les plus pénibles et qu'on porte les fardeaux les plus lourds. Arraché aux illusions et aux pièges de la verbomanie sociale et retiré dans la solitude et le silence, on voit les hommes sous leur aspect véritable, on comprend mieux la vie, on apprend à mieux l'aimer.

2. — L'isolement seul ne suffit pas, le silence

est encore nécessaire. Nous sommes malades,
moralement et socialement, parce que nous parlons
trop ; le silence temporaire est pour nous un remède
hygiénique. La pratique du silence est indispensable
pour combattre la verbomanie ou pour ne pas devenir
verbomane[1].

Il ne faut pas confondre le silencieux avec le taciturne. Psychologiquement, le silencieux est plus
fort, plus grave, plus profond, plus vrai que le taciturne ou le verbomane.

Le taciturne éprouve une répugnance instinctive
à parler ; le plus souvent, c'est un flegmatique, —
souvent sous des apparences de ténacité et d'impé-
nétrabilité, — ou un mélancolique, un misanthrope.
La taciturnité est une prédisposition innée ou la
conséquence d'une affection morale. Dans tous les
cas, la vertu pathogène des causes morales comme
circonstance étiologique de la taciturnité, n'est pas
secondaire. Les chagrins, les revers de fortune,
l'idéal non réalisé, les passions contrariées créent
la taciturnité.

Le verbomane se tait quand il estime qu'à un
moment donné le silence offre moins d'inconvénients et de dangers que la parole, le silence est
pour lui une affectation mensongère. Chez le taci-

---

1. A l'instar des sociétés de tempérance, il ne serait peut-être
pas inutile de fonder des sociétés de silence, où l'on se réunirait
uniquement pour se taire en commun.

turne comme chez le verbomane, le silence est, très souvent, un mutisme hystérique, une apsithynie.

Le silencieux n'est pas un ennemi intraitable de la parole. Chez lui, le silence n'est pas une tactique ou un calcul, mais l'indice d'un caractère réfléchi, un acte de volonté. La parole est une force quand elle est l'expression d'une pensée mûrie et condensée dans le silence.

Le silence psycho-social est un acte volontaire, une réaction individuelle contre la verbomanie générale. Il y a des hommes qui se taisent parce que ne pensant pas comme « tout le monde », leurs idées et par conséquent leurs paroles, s'ils parlaient, seraient en opposition avec celles de « tout le monde ». Le silence chez eux est la marque d'une compréhension méprisante. Comment ne pas se taire quand on comprend le vide moral, intellectuel, ou simplement psychologique de ceux qui parlent?

On prétend que le silencieux a une nature froide. C'est absolument faux. Rien de plus fréquent qu'une sensibilité délicate, fine et vive alliée à une froideur apparente chez le silencieux et qu'une exubérance extérieure associée à une absence complète de toute sensibilité chez le verbomane.

3. — Une retraite, une solitude temporaires sont des nécessités impérieuses pour l'homme d'étude, de labeur intellectuel, pour l'artiste. Leur existence troublée, fébrile, inquiète, est souvent pour eux un

fardeau qui dépasse leur énergie, leurs forces, surtout aux moments où ils ne créent pas ; il faut qu'ils
puissent interroger les grands silences. Les heures
passées au sein de la nature ou entre les quatre
murs d'une retraire solitaire ne seront pas perdues
pour eux. L'ignorant seul est persuadé que le repos
pour l'homme qui pense ou pour l'artiste signifie
oisiveté et indolence.

Que chacun aille donc, autant que cela lui est
possible, dans la retraite et recherche le silence,
s'il veut apprendre à penser plus noblement. Il n'y
a rien de plus salutaire que le silence qu'on *entend*
dans la solitude des cloîtres, le silence de la nuit,
le silence de la mer avec son caractère particulier,
surtout le silence de la montagne, en pleine lumière
éclatante, avec l'horizon sans limites, les cimes nei-
geuses, où nul murmure ne trouble l'espace, silence
profond, visible, pour ainsi dire, fortifiant et mora-
lisateur, qui éveille en nous tout un monde de
mystère, les problèmes de la destinee, de l'inconnu,
de l'infini, et purifie notre compréhension de l'univers.

La supériorité de l'homme se mesure à sa faculté
de supporter la solitude, de se suffire intellectuellement à lui-même et de savourer la sérénité féconde
du silence.

TABLE DES MATIÈRES

CHAPITRE III

LA VERBOMANIE
FORME PEU CONNUE DE LA PATHOLOGIE DU LANGAGE

CHAPITRE IV

LA FORMATION ET LES CAUSES DE LA VERBOMANIE

I. — L'étiologie. — Émanation d'un individu vivant en
société, la verbomanie se ressent à la fois, dans ses caractères distinctifs, et de l'individu et de la société. — De toutes
les causes de cette activité morbide et des circonstances dans

CHAPITRE V

LA CONVERSATION. — L'OPINION

I. — Produit d'une société, le langage obéit à ses lois, coutumes, mœurs. Le langage est social, c'est pour les relations
entre les hommes qu'il est utilisé. — La conversation est la
forme la plus naturelle de cet échange. — Définitions. —
Analyses. — Les interprétations d'une conversation dépendent non des mots prononcés, mais du prestige des personnes
qui causent, de leur voix, des états d'âme qu'elle trahit, de
leurs sourires. — L'accent. — Les comédiens. — Les étrangers. — Nous pouvons attacher une valeur inégale à la même

CHAPITRE VI

L'ART ORATOIRE
L'ÉTAT PSYCHO-PHYSIQUE DES ORATEURS
LA CONTAGION ET LA RESPONSABILITÉ

I. — 1. La situation privilégiée de l'art oratoire et de l'orateur. — La disposition des mots, l'accent oratoire, la diction, etc. jouent dans le discours un rôle plus important
que le sujet. — Chez l'orateur toute pensée est convertie en
sensation communicable. — Depuis le cri jusqu'aux plus
légères inflexions de la voix, depuis la mimique du visage
jusqu'aux gestes les plus larges, tout, chez l'orateur, est
émotion qui tend à éveiller et à suggestionner la sensibilité.

CHAPITRE VII

LA VERBOMANIE CHEZ LA FEMME

I. — La verbomanie est-elle plus développée chez les
femmes que chez les hommes ? — Enquête dans les écoles

CHAPITRE VIII

LA VERBOMANIE A TRAVERS LES PEUPLES FRANÇAIS, ITALIENS, ANGLAIS, ALLEMANDS, RUSSES, ETC.

· CHAPITRE IX

LA PROPHYLAXIE. — LA THÉRAPEUTIQUE
(CONCLUSION)